ESSAI

SUR LA

TRANSFORMATION

DE LA

MÉTALLURGIE AU BOI

DANS

L'ARIÉGE

PAR

HENRI FRONTAULT

INGÉNIEUR, ANCIEN ÉLÈVE DE L'ÉCOLE DES PONTS ET CHAUSSÉES

> On fait le fer au bois dans l'Ariége com
> faisait chez les Romains, exactement.
> DORIAN.

> Tout l'avenir de l'industrie des fers en France
> est dans le maintien de la fabrication au bois.
> PÉTIN.

> Il faut faire de la fonte au bois.
> ÉM. MARTIN.

PARIS

DUNOD, ÉDITEUR

LIBRAIRE DES CORPS DES PONTS ET CHAUSSÉES ET DES MINES

49, QUAI DES AUGUSTINS, 49

—

1871

ESSAI

SUR LA

TRANSFORMATION

DE LA

MÉTALLURGIE AU BOIS

DANS

L'ARIÉGE

PARIS. — IMP. SIMON RAÇON ET COMP., RUE D'ERFURTH, 1.

ESSAI

SUR LA

TRANSFORMATION

DE LA

MÉTALLURGIE AU BOIS

DANS

L'ARIÉGE

PAR

HENRI FRONTAULT

INGÉNIEUR, ANCIEN ÉLÈVE DE L'ÉCOLE DES PONTS ET CHAUSSÉES

> On fait le fer au bois dans l'Ariége comme on le faisait chez les Romains, exactement.
> DORIAN.
> Tout l'avenir de l'industrie des fers en France est dans le maintien de la fabrication au bois.
> PÉTIN.
> Il faut faire de la fonte au bois.
> EM. MARTIN.

PARIS

DUNOD, LIBRAIRE-ÉDITEUR

49, QUAI DES AUGUSTINS

1871

Au mois de juin de l'année dernière, nous nous trouvions au château de Portes. M. le marquis de Portes nous demanda notre avis sur la métallurgie au bois de l'Ariége et nous ne lui cachâmes point qu'une transformation industrielle nous semblait nécessaire pour rendre au pays son ancienne prospérité.

M. le marquis de Portes comprit très-vite les raisons que nous lui donnâmes à l'appui de cette assertion et, justement préoccupé des intérêts du département, frappé notamment de la situation où l'extinction des feux catalans avait placé tant de populations laborieuses, tant de propriétaires forestiers en même temps, il nous pria de publier nos observations en indiquant des moyens pratiques capables de remédier à un état de choses si désastreux.

Ces moyens pratiques, nous les avons recherchés avec soin et, cédant aux instances qui nous sont faites de nou-

veau, nous venons présenter à ceux qui souffrent de la crise
métallurgique actuelle un système de transformation capable, croyons-nous, de la faire cesser.

Henri FRONTAULT.

Paris, le 1ᵉʳ juillet 1870.

P. S. — Depuis le jour où ces lignes ont été écrites, des événements bien graves
et bien douloureux sont venus paralyser en France la vie industrielle, et la publication de notre travail, déjà sous presse, a été ajournée : aujourd'hui nous croyons
cette publication plus opportune que jamais, car, plus que jamais, nous considérons
comme un devoir de faire appel à toutes les forces vives du pays, et nous persiste-
rions dans nos conclusions, lors même que nous n'aurions pas l'espoir, bien fondé
maintenant, de voir, très-prochainement, notre tâche favorisée par la dénonciation
des traités de commerce.   H. F.

30 mai 1871.

CHAPITRE PREMIER

État actuel de la métallurgie au bois dans l'Ariége.

I. — RUINE DE L'INDUSTRIE CATALANE. — HISTOIRE DE CETTE RUINE.
— SES CAUSES. — CONSÉQUENCES DÉSASTREUSES POUR LA PROPRIÉTÉ
FORESTIÈRE.

Le département de l'Ariége assiste aujourd'hui à l'agonie
d'une industrie autrefois prospère, et qui tombe en ce moment
pour ne plus se relever, comme elle est tombée déjà dans les
contrées moins favorisées par la nature que l'ancien comté de
Foix : nous voulons parler de la fabrication du fer par la méthode catalane [1].

Pendant de longues années, les fers catalans furent presque
exclusivement employés dans le midi de la France ; les usages
spéciaux auxquels ils étaient propres leur ouvraient même des
débouchés importants dans d'autres contrées et jusqu'en Angleterre. Au commencement de ce siècle, on voyait des forges catalanes en pleine prospérité jusqu'aux environs de Castres (à
Monségur), et dans le département du Lot, près d'Arques, et
pourtant ces dernières marchaient avec un minerai limoneux
rendant seulement 22 p. 100 de fer, et consommant 14 de

---

[1] Nous ne décrirons pas cette méthode, que nous croyons suffisammen
connue. Le lecteur la trouvera du reste exposée, avec beaucoup de détails dans
les ouvrages de MM. Richard et François, et, d'après ces derniers, dans le
Traité de métallurgie du Dr Percy.

charbon pour 1 de fer produit : les fers d'Arques, revenaient à 550 francs, mais ils étaient de qualité excellente et se vendaient 800 francs la tonne de 1000 kilogrammes [1].

En 1840, il n'y avait pas dans le Midi moins de 107 forges catalanes réparties dans les 7 départements de :

> L'Ariége,
> Les Pyrénées-Orientales,
> L'Aube,
> La Haute-Garonne,
> Le Tarn,
> Les Hautes-Pyrénées,
> Les Basses-Pyrénées.

et produisant annuellement 10,000 tonnes de fer d'une valeur moyenne de 490 francs, en consommant 51,000 tonnes de charbon vendu moyennement 95 francs, en forge [2].

Cet état de choses faisait assurément la fortune des propriétaires forestiers, mais, il faut le dire, constituait en leur faveur un monopole tout à fait artificiel et que les progrès industriels devaient nécessairement faire disparaître.

Déjà l'ouverture des forges de Decazeville avait fait tomber soudainement de *quarante* francs le prix du fer catalan, qui avait en même temps perdu une partie de sa clientèle. Le mouvement une fois commencé ne s'arrêta plus, et l'on vit peu à peu les fers à la houille remplacer, pour les usages ordinaires, les fers catalans qui perdaient même les marchés spéciaux, où venaient les atteindre des fers au bois fabriqués plus économiquement dans d'autres parties de la France.

Toutefois, durant quelque temps, grâce à la richesse exceptionnelle des minerais employés, à la facilité relative de leur appliquer le traitement direct, à l'excellence *pour certains usages* des produits obtenus, grâce enfin à l'éloignement des mines de houille, les forges catalanes de l'Ariége purent soutenir la con-

---

[1] Percy, *Traité complet de métallurgie*, traduction de F. Petitgand et A. Ronna, t. II, p. 487. — Dans tout notre travail, nous ne parlons que de la tonne de 1000 *kilogrammes*.

[2] François, *Recherches sur le gisement et le traité direct du minerai de fer dans les Pyrénées*, pp. 176, 344 et *passim*.

currence dans de certaines limites, par un abaissement successif
du prix des charbons qui manquaient de débouchés ; lorsque les
industries rivales réalisaient un progrès permettant d'abaisser
leurs prix, lorsque des voies de communication perfectionnées
ouvraient à leurs produits de nouveaux moyens d'écoulement, les
maitres de forges catalanes disaient aux propriétaires forestiers :
« Il faut que nous donnions le fer à tel prix ; pour cela il nous
faut le charbon à tel autre prix, si vous ne pouvez nous le livrer,
nous nous arrêterons. » Les propriétaires cédaient, leurs rentes
diminuaient, mais le fer catalan était sauvé ! De 95 francs, on vit
successivement le charbon de bois de chêne descendre à 80, 60
et même 57 francs la tonne rendue en forge, ainsi que nous l'avons
constaté nous-même.

Plusieurs propriétaires, du reste, faisaient eux-mêmes marcher leurs usines.

Mais, on le comprend, l'issue d'une pareille lutte ne pouvait
être douteuse : d'un côté, les moyens d'action devenaient de plus
en plus puissants, de l'autre, on ne connaissait qu'une seule
amélioration : *la baisse des charbons* et les charbons ne pouvaient
pas *baisser* indéfiniment !

L'introduction de l'air chaud dans les hauts fournaux, son
chauffage par les gaz perdus, le puddlage, le bessemérage, les
procédés Martin, Heaton, etc, etc., faisaient faire à la méthode
du traitement indirect des progrès immenses ; en même temps,
le développement des chemins de fer, l'amélioration des routes
permettaient non-seulement aux fers des autres départements
d'approcher de plus en plus de l'Ariége, mais donnaient le moyen
de transporter le coke et la houille sur les lieux même réservés
naguère aux forges catalanes.

Et ce n'était pas seulement l'industrie à la houille qui se
transformait, l'industrie au bois, en dehors de l'Ariége, se transformait elle-même d'une telle façon que M. Thiers, dans la
séance du 27 janvier dernier, pouvait lui adresser cet éloge du
haut de la tribune : « Il est impossible de faire plus de progrès,
de mieux profiter des conseils de la science, que ne le fait l'industrie du fer au bois. »

— 4 —

Que pouvait faire, en présence d'un tel état de choses, une industrie fabriquant le fer *comme du temps des Romains*, suivant
l'expression énergique de M. Dorian[1], et à peu près comme le
font en ce moment même les Hindous[2]?

En comptant le charbon au prix extrêmement bas de 61 francs la
tonne *rendue en forge*, on ne peut *produire* du fer catalan, dans

[1] Nous croyons utile de mettre ici sous les yeux du lecteur le passage
suivant du compte rendu de l'enquête industrielle de 1860, séance du
25 mai, présidence de M. Rouher, t. I, p. 465.

M. LE PRÉSIDENT. — Monsieur Jackson, que pensez-vous de l'industrie de
l'Ariége et de sa situation actuelle?

M. JACKSON. — *En changeant le système actuel*, je crois que l'on arrivera
à faire des fers équivalents aux marques moyennes de Suède, qui sont d'excellente qualité. Le système employé actuellement dans l'Ariége est la méthode
catalane; *la matière obtenue est très-impure*, elle renferme des parties
aciéreuses et des parties ferreuses; *il n'y a pas de régularité dans la cé-
mentation*. Ces fers ne peuvent pas être employés pour certaines qualités
d'acier; *c'est pour cela que nous employons les fers de Suède*. Je le répète,
si on change ce mode de fabrication, on arrivera à une qualité qui pourra
rivaliser avec les marques de Suède.

M. LE PRÉSIDENT. — Le département de l'Ariége n'est-il pas resté dans
une inertie très-grande depuis bien des années?

M. DORIAN. — On y fait le fer comme *on le faisait chez les Romains*,
exactement.

[2] Voici la description faite de la fabrication du fer chez les Hindous par le
Dr Percy, d'après le *Dalrymple's oriental Repertory* et *A Journey from Madras
through the countries of Mysore, Canara and Malabar* :

« On remplit le fourneau de charbon, l'on y applique le vent, puis on
charge alternativement du minerai et du combustible. Lorsque la scorie s'élève
à une certaine hauteur dans le foyer, on la dégage à l'avant avec une tige
de fer, puis, le fer se trouvant ramassé, on le saisit par le haut du foyer avec
des pinces, après lui avoir donné la forme d'une balle.

« Dès que cette balle est enlevée, on fait couler la scorie à l'avant du foyer
et on y introduit de nouvelles charges de minerai et de charbon. — Le fer
est travaillé, jusqu'à un certain point, dans le foyer même et retiré sans que
le fond soit détruit, de sorte qu'on peut recharger sans interruption et sans
attendre le refroidissement. » — (Percy, *ouvr. cit.*, t. II, p. 403. — *Dalrymple's oriental Repertory*, t. II, p. 488; 1808, published by the late East
India Company; — *A Journey from Madras through the Countries of Mysore,
Canada and Malabar*, t. I, p. 174; 1807.)

Selon toute probabilité, les Hindous nous ont envoyé leur méthode à travers
la Perse et l'Asie Mineure, d'où elle s'est répandue sur le littoral de la Grèce,
de l'Italie, dans les îles de la Méditerranée, sur les côtes nord de l'Afrique et
sur celles de l'Espagne. — *Voy.* Diodore, Agricola, Courtyvron, Swedenborg.

le voisinage même du minerai, à moins de 287 *francs* la tonne,
ainsi qu'il résulte de l'analyse suivante, que l'un des derniers
maîtres de forge a bien voulu nous remettre :

			fr.
Minerai, 2^{tonnes}, 8	. . . à 19 fr.	. . . .	53,20
Charbon, 2^{tonnes}, 8	. . . à 61 fr.	. . . .	170,80
Main-d'œuvre..	. . . .	. . .	48,00
Frais généraux.	. . . .	. . .	15,00
	Total.	. . . .	287,00

Or le même maître de forges nous disait : « La tonne de fer
catalan *se vend* aujourd'hui (décembre 1869) 275 à 280 *francs* à
la forge. » Et, si nous en croyons un autre, la perte serait encore
bien plus considérable ; ce dernier nous disait en effet : « Il est
impossible, *à Toulouse*, de compter sur une *vente* courante de fer
catalan à 270 *francs*. »

Et, en effet, tandis que la méthode catalane semblait se com-
plaire dans une immobilité orientale, la méthode indirecte, réali-
sant des progrès sur lesquels nous donnons plus bas quelques
détails, permettait aux maîtres de forge de vendre :

Du fer à la houille.	. . . . .	de 200 à 180 fr.
Du fer de fonte au bois.	. . .	de 240 à 250 fr.
De l'acier Bessemer..	. . . .	de 265 à 250 fr.

Dans l'espace de moins de trente ans, les hauts fournaux se
perfectionnaient de telle sorte, que la tonne de fonte qui, en 1840,
exigeait en moyenne pour sa fabrication

2500 kilogrammes de charbon de bois,

n'exigeait plus, suivant les cas, que

1000   775   710   571   564 kilogrammes du même combustible.

Si nous admettons que, avec les minerais si riches de l'Ariége,
un haut fourneau bien construit consomme encore la quantité
relativement considérable de 800 kilogrammes de charbon de bois
par tonne de fonte produite, nous trouvons que ce haut fourneau,

bâti sur l'emplacement même de la forge catalane, dont nous avons donné ci-dessus les conditions de production, fournirait de la fonte au prix de 105 fr. 90, ainsi qu'il résulte des chiffres suivants :

```
                                                     fr.
Minerai, 2tonnes,1.  .  .  . à 19 fr. .  »  .  .    59,90
Charbon, 0tonne,8.  .  .  . à 61 fr. .  .  ,  .    48,80
Castine, 0tonne, 1.  .  .  . à  2 fr. .  .  .  .     0,20
Main-d'œuvre.  .  .  .  .  .  .  .  .  .  .  .  .     7 00
Frais généraux (comptés très-largement).  .  .    10,00
                                                   ——————
                                                   105,90
```

Or une pareille fonte permettrait de fabriquer de l'acier aux conditions suivantes :

```
                                                       fr.
Fonte, 1tonne,250.  .  .  .  .  . à 105 fr. 90.    130,26
Charbon de bois, 1tonne,250.  . à  61 fr. 00.     76,25
Houille pour chauffages, etc.. à  29 fr. 00.     26,10
Main-d'œuvre.  .  .  .  .  .  .  .  .  .  .  .  .    49,00
Entretien, fournitures, frais généraux.  .  .    12,50
                                                  ——————
               Total.  .  .  .  .  .  .    294,11
```

On pourrait donc, en employant la méthode indirecte, obtenir de l'acier excellent, au bois pur, ne coûtant *par tonne* que 7 fr. 11 de plus que le fer catalan.

Le dénoûment d'une lutte entreprise dans de pareilles conditions était fatal, inévitable ; les fers catalans ont dû partout faire place à leurs concurrents, de la même façon qu'en Algérie, disparaissent, auprès des minoteries puissantes de nos colons, ces moulins à bras, ces petites meules mises en mouvement dans chaque famille par les femmes, comme elles l'étaient au temps d'Ulysse par les esclaves !

A l'heure présente, il n'y a plus dans l'Ariége que quatre feux catalans allumés.

Les conséquences de ces ruines ont été désastreuses pour les propriétaires forestiers.

Dans ces trois dernières années, l'un des principaux propriétaires du canton de Mirepoix a dû vendre son bois (essence de chêne) au prix de 9 fr. 50 *la pile* ; en déduisant de ce chiffre

1 fr. 50 de frais, et en remarquant que la *pile* est de 3^{stères},634, on voit que le stère de bois, dans ces conditions, ne rapporte que 2 *fr*. 21 net : et, dans toute l'ancienne zone exploitée autrefois par les forges catalanes, nous prenons ici la partie la mieux située, au point de vue de l'exportation du bois.

Si nous nous avançons vers la montagne, nous trouvons des faits encore bien plus frappants.

Aux environs de Foix, dans la vallée de la Barguillière, l'État a mis récemment en adjudication une coupe de chêne dans laquelle le bois était compté sur pied, à 0 *fr*. 75 *le stère* : il n'a pu trouver preneur.

Un riche propriétaire, qui exploite encore ses forêts à l'aide d'une forge catalane, nous a déclaré lui-même qu'il n'en retire, par tonne de charbon, qu'un revenu net de 12 fr. 60, soit 1 *franc par stère de bois*, et il ne fait pas entrer la valeur de son temps dans le prix de revient. Or, autrefois, le revenu net moyen du stère de bois vendu dans le département de l'Ariége était de 3 fr. 25.

Nous pourrions multiplier ici les faits, mais ceux-ci suffisent, croyons-nous, pour peindre la situation déplorable du pays.

II. — INFLUENCE DES TRAITÉS DE COMMERCE ET DES ACQUITS-A-CAUTION SUR L'INDUSTRIE CATALANE.

Quelques personnes ont voulu attribuer le mal aux traités de commerce de 1860. Nous avons sous les yeux une note rédigée par le premier des maîtres de forge dont nous avons déjà parlé, et dans laquelle nous lisons le passage suivant :

« Que les fers de Suède n'entrent plus en France avec les acquits-à-caution, et nous verrons bientôt l'industrie ariégeoise, même à la méthode catalane, reprendre son *ancienne splendeur*. »

Il y a là, à notre avis, une erreur capitale ; nous ne prétendons aucunement défendre le coup d'État économique de 1860, mais, recherchant les causes réelles d'un mal que nous voudrions contribuer à guérir, nous tenons expressément à écarter les causes apparentes.

Qu'on nous permette de le faire remarquer, en disant : « Nous souffrons, c'est la faute des traités de commerce ! » nous pouvons nous délivrer de toute recherche scientifique ou industrielle pour ne plus travailler qu'à une chose, *la dénonciation des traités* ; mais si pourtant, il y avait un autre motif à ces souffrances, quels cruels mécomptes le jour où, les traités de commerce dénoncés, on verrait qu'on n'a rien obtenu et qu'après avoir poussé des plaintes stériles, il faut chercher ailleurs le remède désiré !

Lorsque deux négociants, A et B, se trouvent sur un marché et offrent leurs produits, l'un à 10 francs, l'autre à 8 francs, il est évident qu'ils ne vendront rien ni l'un ni l'autre, si, à côté d'eux, il y en a un troisième, C, offrant le même objet à 6 fr. seulement ; mais il est non moins évident que le négociant A ne fera pas plus d'affaires après l'expulsion de C, puisqu'il se trouvera alors en présence de B, vendant moins cher que lui et restant maître de la place occupée par C ; avant donc de se plaindre de C, A devrait se mettre en état de produire aux mêmes conditions que B.

La vérité est que la crise qui se termine aujourd'hui, sous un régime économique auquel on l'attribue, a commencé avec l'ouverture des forges de Decazeville, ainsi que nous l'avons montré, et le dernier coup a été porté aux forges catalanes par la création des hauts fourneaux de Pamiers, Berdoulet et Tarascon. En 1857, les prix du fer catalan étaient descendus à 562 fr. 50 ; en 1858, on bâtit l'usine de Pamiers, et, en 1859, *avant le traité de commerce*, le fer catalan ne se vendait plus que 540 fr., 22 fr. 50 de moins. Depuis dix ans, une nouvelle baisse est arrivée ; mais, remarquons-le, en 1863, trois ans après les fameux traités, les prix étaient encore à 350 fr., et il est évident que les cours actuels ont été amenés, non pas par des traités déjà anciens, mais par la concurrence que l'usine de Pamiers a récemment trouvée, à son tour, dans la Compagnie de Berdoulet établie près de Foix.

L'honorable auteur de la note déjà citée affirme que, sans le jeu des acquits-à-caution, les fers catalans reprendraient la place occupée aujourd'hui par les fers suédois : à cela nous répondons que, si les fers catalans ne trouvaient plus sur les marchés la concurrence des fers suédois, ils y rencontreraient celle d'autres fers au bois français, dont nous avons parlé plus haut, qui, fabriqués par des méthodes beaucoup plus parfaites, peuvent, grâce aux voies de communication actuelles, s'emparer des marchés réservés autrefois aux usines de l'Ariége. A peine resterait-il, pour les forges catalanes, à satisfaire à quelques besoins locaux ; certes, ce n'est pas là ce qui permettrait de rallumer les cinquante feux éteints, et si quelques usines tenaient à continuer leur fabrication ancienne, on peut affirmer, en face des chiffres donnés plus haut, que ce serait pour *végéter* et non pour *vivre*.

On aurait tort, d'ailleurs, de croire que la simple suppression des acquits-à-caution fermerait le marché français aux fers suédois, si ceux-ci ne rencontraient devant eux que les fers catalans.

Il y a plus de trente ans, en effet, que les fers catalans, grâce à la grossièreté des procédés employés dans leur fabrication, ont commencé à être atteints sur les marchés français par les fers du Nord. Dès 1838, un homme dont le nom en ces questions est une grande autorité, M. J. François, s'exprimait en ces termes :

« Si l'on compare le prix du fer de l'Ariége au cours des fers ordinaires de Suède et de Russie, dans nos principales places du Midi, Bordeaux et Marseille, *on trouve la position de nos usines fort inférieure.* En effet, sur ces places, les marques bonnes ordinaires de Suède et de Russie se vendent 515 à 596 fr. par 1000 kilog., savoir :

	fr.	fr.
A bord, à Stockholm et Cronstadt. . . .	277,00	à 366,00
Assurance et commission.	25,90	
Droit du Sund à Elseneur.	2,40	
Fret pour Bordeaux et Marseille.	30,10	
Droit de douane (loi du 2 juillet 1826). .	166,60	
Débarquement.	5,00	
Prix de vente à Bordeaux. . .	507,00	à 596,00

« Tandis que, pour les fers des Pyrénées, on a aujourd'hui

	fr.
Prix de vente à l'usine.	490,0
Port de l'usine à Toulouse.	17,5
Port de Toulouse à Bordeaux.	15,5
Commission et chargement..	5,5
Rendu à Bordeaux.	528,5

Ainsi des droits protecteurs de 166 fr. 60 par tonne ne défendaient pas suffisamment les fers catalans, et M. François ajoute très-judicieusement :

« Le rapprochement de ces résultats indique suffisamment tout ce que la fabrication des Pyrénées doit tenter, pour se tenir de pied ferme contre l'envahissement des marques ordinaires des fers du Nord[1]. »

Il ne faut pas oublier, en effet, que la Suède a pour elle, à la fois, les ressources de la nature et celles de l'art le plus perfectionné : tandis que, d'un côté, *le tiers* de son sol est couvert de forêts, qui lui fournissent dans les usines le charbon à un prix variant de 14 à 45 fr., suivant les distances, en moyenne à 30 fr.[2] la tonne, de l'autre, elle a su établir, ainsi que nous le verrons plus bas, des hauts fourneaux ne dépensant que 700 à 750 kilogr. de charbon par tonne de fonte produite[3] avec des minerais qui contiennent seulement, en moyenne, 4 à 5 pour 100 de fer de plus que les minerais de l'Ariége[4].

Grâce à cette situation, on peut avoir aujourd'hui des fers ordinaires de Suède au prix de 250 fr., la tonne livrée à bord, dans le port de Gothembourg, où ils sont chargés comme lest, et d'où ils viennent, dans tous les ports de France, avec le fret insignifiant de 10 fr. par tonne. Si l'on ajoute à ces chiffres le droit d'entrée de 60 fr., on arrive à 500 fr. pour le prix du fer suédois rendu

[1] François, *ouvr. cit.*, p. 344.
[2] *Revue de l'Exposition de 1867*, par Noblet, t. XXIII et XXIV *bis* réunis, p. 127.
[3] *Ibid.*, p. 169.
[4] Voy. plus bas p. 29, note 2, et p. 41.

dans un port français quelconque. Que pourra faire, devant un
tel produit, du fer catalan revenant à 287 francs pris à la forge?
Ce prix de 287 francs, d'ailleurs, peut être considéré à peu près
comme un prix limite, puisqu'il suppose le charbon à 61 francs
seulement; il n'en est pas de même du prix suédois de 250 francs,
et les armateurs, de leur côté, plutôt que de prendre des cailloux
comme lest, consentiraient évidemment à réduire encore le fret,
déjà si bas, de 10 francs; il pourrait donc parfaitement arriver
que le fer dont nous parlons pénétrât en France à un prix inférieur au prix de revient du fer catalan, même après la suppression définitive des acquits-à-caution.

Quant aux premières marques et même aux marques moyennes
suédoises, les déclarations de M. Jackson[1] montrent que, en
aucune hypothèse, les fers catalans ne peuvent leur faire concurrence à cause de leur impureté, de leur défaut d'homogénéité,
de telle sorte que le *marché spécial* leur échappe, à la fois, par
défaut de qualité et par trop grande élévation de prix, pour des
raisons métallurgiques, si on peut ainsi parler, en même temps
que pour des motifs commerciaux.

En résumé, la métallurgie au bois de l'Ariége a perdu, à tout
jamais, les *marchés ordinaires* du Midi, qui appartiennent pour
toujours à la métallurgie à la houille; elle ne peut vivre qu'avec
les *marchés spéciaux*; mais, pour les atteindre, il est absolument
nécessaire qu'elle se *transforme*, sous peine d'y être fatalement
distancée par des rivaux plus habiles et plus favorisés, quel que
soit le régime économique du pays[2].

[1] V. p. 4, en note.

[2] Quelques lecteurs, étrangers au département de l'Ariége, nous accuseront
peut-être d'avoir trop insisté sur la ruine de l'industrie catalane, sur l'impos-
sibilité de la relever : le séjour que nous avons fait dans le pays dont nous
nous occupons nous a fait penser que les détails donnés dans ce chapitre ne
seront pas inutiles partout.

CHAPITRE II

Avenir de la métallurgie au bois.

I. — OPINION DE MM. TALABOT, PÉTIN, SAUVAGE, E. MARTIN, THIERS, DE FORCADE.

Mais peut-être allons-nous rencontrer maintenant, dans un camp tout à fait opposé à celui des défenseurs de l'industrie catalane, des hommes qui vont nous dire : « N'essayez aucune transformation, ce n'est pas seulement l'industrie catalane qui est condamnée par la science, c'est toute la métallurgie au bois ! »

A ceux qui nous tiendraient ce langage radical nous répondrions d'abord par le témoignage des hommes éminents, qui, partis des horizons les plus divers, viennent se rencontrer ici sur un même point, et n'ont jamais cessé de proclamer la nécessité du fer au bois.

Commençons par ouvrir le compte rendu de l'enquête industrielle de 1860. M. P. Talabot s'exprime ainsi :

« Nous croyons, quant à nous, que *l'industrie du fer au bois a un très-grand avenir*, et que tôt ou tard, elle se mettra en position d'*importer en Angleterre* une quantité assez considérable de ses produits... *Les fontes au bois françaises* sont d'une qualité supérieure à tout ce qu'on fait en ce pays. *C'est une industrie qui n'existe pas en Angleterre, et qui prendra en France un grand développement dans l'avenir. J'insiste sur ce point parce qu'il est d'un grand intérêt....* Le fer de première qualité manque en Angleterre. L'Angleterre le tire de Suède *à des prix élevés*[1]. »

[1] *Enquête sur le traité de commerce avec l'Angleterre*, t. 1, p. 197 et suiv.

M. *Sauvage*, ingénieur en chef au chemin de fer de l'Est, dit ensuite :

« Je ne pourrais rien ajouter à ce qu'a dit M. Talabot. Je crois, comme lui, qu'on peut améliorer la fabrication du *fer au bois*, et que *cette fabrication a de l'avenir*[1]. »

M. *Émile Martin*, ancien propriétaire de la fonderie de Fourchambault, voit dans la métallurgie au bois la sauvegarde de l'industrie nationale.

« Je prétends que nous pouvons nous défendre (contre l'Angleterre), en nous plaçant sur le terrain de la *fabrication au bois : nous pouvons nous défendre par la supériorité de la qualité du fer* et dans le retour à la fabrication première au bois. Je ne veux pas dire qu'on doive reprendre l'ancienne méthode, en faisant tout au bois ; c'est impossible, mais je dis qu'il faut faire de la FONTE AU BOIS à meilleur marché qu'on ne l'a jamais faite, et C'EST POSSIBLE EN PERFECTIONNANT LE TRAVAIL ; puis, continuer la fabrication par les procédés d'affinage à la houille et pour l'usage du laminoir. Je crois, qu'avec ce moyen, on ferait d'excellents fers qu'on pourrait *vendre en Angleterre*, parce que l'Angleterre n'en produira jamais de semblables. »

« — Votre pensée, interrompt le président (M. *Rouher*), serait que si, pour la fabrication des fers à bon marché, il y a infériorité réelle tenant à l'élévation du prix du combustible en France, nous avons, pour les fers de qualité supérieure, des avantages non moins réels, et que nous aurions tort de désespérer de *la fabrication du fer au bois*, car, *non-seulement elle doit, dans un temps donné, faire face à la consommation française, mais elle a, en outre, des chances d'exportation.*

« — C'est mon opinion, répond M. Martin ; — ce que je veux dire s'applique surtout aux bons minerais qu'on a dans le Berry, en Franche-Comté, dans le Périgord, *dans les Pyrénées* et d'autres localités[2]. »

M. *Pétin* n'est pas moins explicite : « *Tout l'avenir de l'in-*

---

[1] *Enquête sur le traité de commerce avec l'Angleterre; t. I.*
[2] *Ibid.*, p. 505 et suiv.

dustrie des fers, en France, dit-il, est *dans le maintien de la fabrication au bois*[1]. »

Dix ans plus tard, après l'expérience des traités de commerce,
nous nous retrouvons en présence d'une enquête non plus ad-
ministrative, mais parlementaire, ou du moins nous entendons
la *préface* de cette enquête ; eh bien, c'est encore la même
opinion qui se dégage de la discussion ; dans les deux camps du
libre échange et de la protection, on s'accorde pour proclamer
la nécessité du maintien de la fabrication du fer au bois.

« Je suis loin, dit M. de Forcade, de croire que l'*industrie du fer
au bois* soit inutile; je suis même convaincu qu'elle est *nécessaire*[2]. »

Et pour bien prouver cette nécessité, M. Thiers fait des ouvrages spéciaux qui demandent l'*emploi du fer au bois* une énu-
mération qui n'a point été contredite :

« Savez-vous, disait-il, à quoi cette *industrie du fer au bois*,
qu'on appelle une industrie de luxe, est consacrée ?

« Les produits servent à la construction des voitures, et si on
ne considère comme voitures que les équipages élégants qui parcourent les allées du bois de Boulogne, je comprends que l'on
puisse dire que l'industrie du fer au bois est une industrie de
luxe ; mais si ces produits servent à la construction de toutes les
diligences qui parcourent la France, des wagons qui roulent sur
les rails de nos chemins de fer ; s'ils servent à la confection des
essieux, des bandages de roues, s'ils servent à faire les principaux
organes de nos locomotives, peut-on dire que ce soit une industrie de luxe ?

« Ce n'est pas tout : il y a encore, par exemple, les instruments
d'agriculture. Est-ce que la faux est un instrument de luxe ? Eh
bien, pour la faux, il faut du fer au bois. Il en est de même pour
la coutellerie, pour la tréfilerie, pour les clous, dont la fabrication
ne constitue pas une industrie de luxe... On vous dit : Il n'y a
pas à s'en inquiéter (de cette industrie), on s'en passera, les
Anglais s'en passent. »

---

[1] *Enquête sur le traité de commerce avec l'Angleterre*, t. 1.
[2] *Journal officiel* du 29 janvier 1870.

« Non, *les Anglais ne s'en passent pas*; et les fers de Lowmoor,
qui sont excellents, cependant ne valent pas pour une foule
d'emplois les fers au bois. En Angleterre, on est obligé de
prendre des fers de Suède en quantité, non-seulement pour faire
des aciers, mais pour un grand nombre d'emplois où le fer au
bois est indispensable[1]. »

II. — FAITS A L'APPUI DE CETTE OPINION.

Il nous a été donné à nous-même de constater le bien fondé
des assertions de ces hommes éminents.

En France, nous avons vu la maison *Jacob Holtzer et Cie*,
d'Unieux, non-seulement fabriquer au loin les excellentes fontes
de Ria, dont nous parlerons plus tard, qui se vendent en moyenne
150 francs en gare de Perpignan, mais de plus faire venir de
Toscane des fontes qui lui reviennent à 180 francs.

Dans certains cas, on emploie des fers de Suède valant 500,
600 et 700 francs.

En Angleterre, nous avons vu aussi combien est estimée, pour
les aciers et les fers spéciaux, la fonte au bois, le *charcoal pig iron*
et particulièrement le *spiegeleisen* au bois, et nous engageons
vivement ceux qui disent que les Anglais se passent de ce précieux
produit à consulter les fabricants d'acier, notamment ceux de
Sheffield : dans cette dernière ville, s'ils veulent bien prendre des
renseignements aux usines si connues de *Charles Cammell and C°*
(*Cyclops Steel and iron Works*), *John Brown and C°* (*Atlas Steel and
iron Works*), *Henry Bessemer and C°*, etc., etc.; ils pourront y constater de nombreux achats de 300, de 500 tonnes de *fonte au bois*
payée de 6 livres 2 shillings à 7 livres, soit de 152 fr. 50 à 175 fr.,
suivant que cette fonte n'est pas ou est manganésifère. Ces fontes
viennent généralement de Suède et jusque des Indes orientales.

Il s'en faut du reste, nous l'avons dit, que la métallurgie au
bois ait eu partout en France le même sort que dans l'Ariége et,

---

[1] *Journal officiel* du 28 janvier 1870.

en interrogeant la statistique, nous voyons que notre pays produit encore annuellement :

$$\left.\begin{array}{l}140{,}000 \text{ tonnes de fonte} \\ 35{,}000 \text{ tonnes de fer}\end{array}\right\} \text{ au bois pur }[1].$$

Si ces chiffres peuvent sembler peu importants à ceux qui considèrent la métallurgie générale de la France, on reconnaîtra qu'ils ne sont pas à dédaigner quand on cherche modestement à transformer une industrie qui, au temps de sa plus grande splendeur, donnait à peine, dans tout le midi de la France, 10,000 tonnes de fer, c'est-à-dire moins de 1/10 de ce que produit aujourd'hui la métallurgie au bois dans le pays tout entier.

L'erreur combattue en ce chapitre tient, à notre avis, à une idée très-fausse et beaucoup trop répandue, relative à la prééminence qui aurait été prise *universellement* par le *bon marché* sur la *bonne qualité*.

Nous avons vu que cette prééminence existe et doit exister dans un grand nombre de cas, mais dans d'autres cas, au contraire, l'avantage de l'industrie se trouve du côté de *la qualité*, et de cruels mécomptes sont venus avertir ceux qui ont pu oublier ce principe élémentaire.

Nous citerons un exemple.

Pendant un certain temps, il fut de mode de n'attacher aucune importance à la qualité des fers entrant dans la composition des paquets avec lesquels se fabriquent les rails ; il était même passé en habitude de dire dans certaines usines, en présence des fers de rebut : « Ce sera bon pour faire des rails. » Mais les Compagnies de chemins de fer ne tardèrent pas à s'apercevoir que, tandis que des rails duraient deux ou trois ans, d'autres en duraient vingt[2] et qu'elles avaient un immense avantage à employer ces derniers. Aujourd'hui elles se trouvent en présence de rails en fer, de bonne qualité à présent, d'une valeur de 180 à 200 francs et de rails en acier Bessemer qui se vendent de 250 à 265 francs :

[1] *Journal officiel* du 29 janvier 1870.
[2] P. Talabot, *Enq. ind. de* 1860, t. I, p. 202.

la plupart d'entre elles n'hésitent pas à choisir ces derniers, que déjà même elles avaient adoptés, lorsqu'au lieu d'un écart de 70 à 90 francs, elles avaient à subir une différence de 150 à 170 francs, à l'époque où la fabrication Bessemer était moins avancée. Et tout cela est bien naturel, c'est la conséquence rigoureuse d'expériences dont M. de Billy a rendu compte, en ces termes, dans les *Annales des mines* :

« Avant d'employer le métal Bessemer en grand pour rails, la Compagnie anglaise du North-Western avait disposé, aux stations de Crewe et de Camdentown, qui sont au nombre des plus actives de son réseau, sur la même voie, afin d'avoir une complète identité de conditions, l'un des cours de rails en Bessemer, l'autre en bon fer anglais. Après deux ans et demi d'expériences comparatives, qui comprennent le passage de plus de sept millions de wagons, les rails en fer, qui étaient à doubles champignons symétriques, avaient été remplacés jusqu'à douze fois, après avoir été préalablement retournés, tandis que les rails en Bessemer, système Vignole, maintenaient leur surface supérieure en parfait état de service. Ces dernières avaient donc résisté autant que vingt-quatre surfaces en fer ; comme les rails en fer avaient coûté 180 francs la tonne, ceux en Bessemer 350 francs, c'est-à-dire environ le double, la résistance des rails Bessemer avait procuré sur les douze remplacements du fer une économie d'environ six fois la valeur de ceux-ci.

« Cette expérience, considérée avec raison comme déterminante, décida la substitution du métal Bessemer au fer sur la voie dans toute l'étendue du réseau North-Western, et bientôt l'exemple fut suivi en France[1]. »

Ce que nous venons de dire, pour les rails, s'applique à bien d'autres objets, et c'est avec grande raison que M. Sauvage disait à l'enquête de 1860 : « J'ai la conviction que *nos forges ont fait fausse route en se relâchant beaucoup sur la qualité*, et que c'est seulement en y revenant qu'elles retrouveront leurs avantages. »

[1] De Billy, *Ann. des mines*, VI⁰ série, t. XIV, p. 56.

Neuf ans plus tard, dans son ouvrage sur la métallurgie, M. Ferdinand Kohn s'exprimait ainsi :

« La tendance générale qui se manifeste, dans les nouveaux perfectionnements apportés à la métallurgie, est la production *des meilleures qualités de fer* (the production of the highest qualities of iron)[1]. »

Ainsi, c'est une grande illusion de croire que *la qualité* est toujours *faiblement* recherchée : dans un bon nombre de cas, on est disposé à subir un écart très-sensible entre deux offres pour l'obtenir ; dans d'autres, on la réclamera pour ainsi dire à tout prix ; et, dans les pays où il y a à la fois d'excellents minerais et du charbon de bois, ce serait folie de s'écrier que la métallurgie au bois est morte avant d'avoir recherché si ce ne sont point seulement des procédés surannés qui doivent périr.

Voyons donc s'il ne serait pas possible, à l'aide des perfectionnements que la science et l'expérience indiquent, de substituer à l'industrie catalane une industrie pratique.

CHAPITRE III

Perfectionnements divers apportés à la méthode du traitement direct.

Et d'abord, devons-nous conserver la méthode du *traitement direct*, dont l'existence dans les Pyrénées françaises est constatée, dès le treizième siècle, par des documents authentiques[2] et en chercher seulement *l'amélioration?*

---

[1] *Iron and Steel manufacture*, by Ferdinand Kohn, C. E., p. 270. London, William Mackensie, 1869.

[2] Percy, *ouvr. cit.*, t. II, p. 435.

Voyons ce qui, jusqu'à présent, a été tenté dans cette voie en certains pays[1].

I. — MÉTHODE LIGURIENNE.

Dans la *Ligurie*, dit M. Percy[2], on a cherché à utiliser la chaleur perdue des foyers catalans au moyen d'un four à réverbère, ayant son grand axe, tantôt dans le sens du porte-vent, tantôt à angle droit avec cette direction : une des extrémités du four communiquait avec le foyer catalan, au moyen d'une hotte en maçonnerie qui se projetait à une distance convenable et directement au-dessus du foyer. A l'autre extrémité, une porte servait au chargement du minerai et du charbon ; immédiatement au-dessus de cette porte se trouvait, à l'intérieur du four, une chambre verticale (que nous appellerons C) avec une grille au fond, une porte de côté et une cheminée au-dessus. Les flammes perdues, au sortir du foyer, étaient ainsi guidées par la hotte dans le four à réverbère qu'elles traversaient en longueur, en suivant la sole, puis montaient perpendiculairement par la grille dans la chambre C, et de là se dégageaient par la cheminée élevée à 15 mètres au-dessus de la sole du four.

Le minerai était apporté aux forges, en morceaux de la grosseur de la tête et même plus gros. Dans cet état, on le faisait fortement chauffer sur la grille de la chambre C ; il exhalait alors une odeur sulfureuse plus ou moins sensible. Au bout de quelque temps, on le retirait et on le jetait dans l'eau, ce qui le rendait poreux et fragile et lui faisait perdre 5 pour 100 de son poids. On le coupait alors avec facilité en morceaux et, réduit en grillade, on le répandait uniformément sur une couche de charbon de bois concassé, dont on avait préalablement couvert la sole du four à réverbère sur une épaisseur d'environ $0^m,10$. Le charbon

---

[1] Afin de nous mettre plus sûrement à l'abri de la critique, nous allons ici laisser la parole à d'autres.

[2] *Ouvr. cité*, p. 493.

de bois est indispensable, ainsi que le prouvent les tentatives des ouvriers pour s'en passer. Le minerai, ainsi exposé pendant toute la durée d'une opération, à une température assez élevée, au contact du charbon de bois et à l'action réductive des gaz du foyer catalan, perdait 10 à 12 pour 100 d'oxygène. Pendant ce temps, la couche de charbon était entièrement consumée. On ajoutait ensuite au minerai un peu de fonte et de ferraille, et, pendant que la charge était encore chaude, on la faisait tomber régulièrement avec un grand ringard, par la porte de chargement, sur le foyer prêt à la recevoir.

Grâce à ce traitement préalable, on pouvait faire par jour cinq chauffes au lieu de quatre, avec une grande économie de charbon, une amélioration dans la qualité du fer et un rendement un peu plus fort. Il était nécessaire d'éviter que le four à réverbère ne devînt chaud au point de fritter ou de scorifier le minerai.

Cette méthode, qui semblait promettre d'assez beaux résultats, fut introduite en 1843-44 par l'ingénieur Baldracco dans les forges du marquis Pallavicini, mais, au bout de quelques années, il fallut l'abandonner.

II. — LES STUCKOFEN.

Dans la Thuringe, on a essayé également à économiser le combustible à l'aide des *stukofen* (fourneaux à masse). Les stuckofen étaient des espèces de fours, tenant le milieu entre le foyer catalan et le haut fourneau, hauts de 3 à 4 mètres, présentant un gueulard de $0^m,50$ à $0^m,60$ de largeur, un diamètre inférieur à 1 mètre environ, enfin, au milieu, un ventre de $2^m,50$. Ces appareils, qui réalisaient du reste un progrès marqué sur les anciens foyers catalans, ont été remplacés par de petits hauts fourneaux [1].

[1] Furiet, *Avenir de la métallurgie en France*, p. 76 et 77.

III. — PROCÉDÉ DE WILLIAM CLAY.

En 1837 et en 1840, William Clay prit deux brevets pour la fabrication du fer forgé, avec le minerai cru, sans l'intervention du haut fourneau ; sachant que le fer métallique spongieux cru, provenant de l'hématite riche chauffée dans du charbon de bois en poudre, a une grande propension à se souder, il proposait le procédé suivant, dont nous empruntons la description à M. Percy. On devait choisir les meilleures variétés d'hématite rouge, les concasser en morceaux de la grosseur d'une noix, les mélanger avec un cinquième de leur poids de charbon de bois, de coke, de débris de houille ou autres matières charbonneuses ; on soumettait ce mélange au rouge clair, dans une cornue d'argile, ou dans tout autre récipient convenable, jusqu'à la réduction du minerai à l'état métallique. Quand la réduction était complète, le fer spongieux était transporté directement dans un four à puddler, avec ou sans addition de 5 pour 100 de coke environ ; on en faisait une balle que l'on cinglait sous le marteau et qu'on laminait, à la manière ordinaire, sous forme de fer marchand.

Cette méthode de *fabrication directe* du fer forgé avec le minerai fut expérimentée, d'abord dans une petite forge, près de Glasgow, et ensuite plus en grand à Liverpool.

Commercialement parlant, l'échec fut *complet*.

On obtenait du fer, quelquefois même d'une excellente qualité, doué d'une ténacité très-grande et spécialement propre à la tréfilerie et à la fabrication des câbles ; mais il manquait d'homogénéité, et il était souvent si rouverain, que les forgerons refusaient de le travailler.

VI. — PROCÉDÉ JAMES RENTON.

En 1851, M. James Renton a pris, aux États-Unis, un brevet pour le procédé décrit par le professeur Wilson dans un rapport au gouvernement britannique sur l'Exposition industrielle de New-York. C'est de ce rapport que nous extrayons les renseignements suivants :

Le procédé fut appliqué industriellement à Cincinnati (Ohio) et à Newark (New-Jersey), dont les usines furent visitées par le professeur Wilson. Dans la première, les fours étaient en voie de construction, et dans la deuxième ils étaient en pleine marche. Le four ressemblait à un fourneau à puddler ordinaire. A l'extrémité, une chambre en briques réfractaires, haute de 5 mètres, longue de 1^m,80 et large de 0^m,17, n'était en réalité qu'un grand moufle, ou cornue verticale, enveloppée extérieurement par les carnaux du four. On la remplissait de 600 kilogrammes d'un mélange soigneusement fait de 20 à 25 pour 100 de minerai et de 75 à 80 pour 100 de houille, l'un et l'autre finement broyés ; ce mélange y devenait assez chaud pour que la réduction du minerai s'y opérât. Le minerai réduit, on le déchargeait, suivant les besoins, du fond de la chambre sur la sole même du four, où il était soumis à la chaleur de soudure et mis en balles que l'on martelait et que l'on étirait à la manière ordinaire. On se servait alors d'hématite, contenant environ 55 pour 100 de fer, et les balles pesaient 56 kilogrammes chacune, c'est-à-dire environ autant que les balles dans le puddlage ordinaire. Il a été cependant constaté que le rendement moyen s'élevait à 45 pour 100, et le poids des balles à 45 kilogrammes[1].

Le procédé *Renton* n'a pas eu plus de succès que le procédé *Clay*, et, le 26 juillet 1855, MM. Cooper et Hewitt, de New-York, adressaient à M. Percy la note suivante :

« Il y aura peut-être quelque intérêt pour vous d'apprendre que le procédé Renton a échoué et qu'il a été, comme nous avions toujours cru qu'il le serait, abandonné dans notre pays[2]. »

[1] Percy, t. II, p. 526.
[2] *Ibid.*, p. 528.

V. — MÉTHODE CHENOT.

Tout le monde connaît le procédé Chenot, qui a obtenu à l'Exposition universelle de 1855 l'une des grandes médailles d'or, et que plusieurs membres du jury appelaient « la plus grande découverte métallurgique du siècle. »

Malgré cette distinction si remarquable, les avis sont restés très-partagés sur la valeur industrielle du procédé nouveau. Dès 1856, une commission composée de MM. *Combes, Regnault* et *Thiria*, adressait au ministre des travaux publics un mémoire où, après avoir rendu justice à la qualité du fer obtenu, les savants ingénieurs s'exprimaient ainsi :

« Il n'est pas probable que ces procédés (les procédés Chenot), dans leur état actuel, puissent être appliqués avec avantage à la fabrication du fer, si ce n'est peut-être dans les localités où l'on pourrait se procurer *à bas prix* des minerais de fer riches, et où la main-d'œuvre serait à bon marché. »

En 1862, M. Furiet, aujourd'hui ingénieur en chef des mines, à Toulouse, s'exprimait ainsi :

« Nous ne croyons pas que le procédé de M. Chenot puisse réussir avec des minerais ordinaires. Et, avec les minerais de choix qu'il est obligé d'employer, on peut présumer qu'on obtiendrait de l'acier par un des procédés connus, de même qualité, à un prix de revient au moins équivalent, sinon plus avantageux.

« Son procédé nous paraît plus ingénieux qu'utile[1]. »

Dans ses *Études sur l'acier*, de 1869, M. Gruner s'élève contre le principe même du procédé Chenot :

« Il y a plus d'inconvénients que d'avantages, dit-il, à vouloir réaliser ainsi, dans un même appareil, deux réactions directement opposées[2]. »

Nous ajouterons que l'expérience semble avoir justifié la ré-

---

[1] Furiet, ouvrage déjà cité, p. 91.
[2] Gruner, *Études sur l'acier*, p. 87.

serve gardée par les hommes éminents dont nous venons de parler : les fours Chenot se sont peu multipliés et lorsque l'on voit, au contraire, la rapidité avec laquelle se sont répandus les appareils Bessemer, d'une invention bien plus moderne, on ne peut s'empêcher de concevoir des doutes sérieux sur la valeur pratique d'une invention présentée, il y a vingt ans déjà, à l'Exposition universelle de Londres, comme devant réaliser une économie de 40 pour 100 sur la fabrication des aciers fondus, et ayant atteint aujourd'hui de si faibles développements.

En somme, lorsque la méthode du *traitement direct*, la plus satisfaisante pour l'esprit, en théorie, a voulu quitter l'ornière des siècles passés, elle est restée, en pratique, dans un état de tâtonnement qui ne peut guère nous engager à chercher, de ce côté, les améliorations dont nous avons besoin.

CHAPITRE IV

Méthode du traitement indirect.

I. — RÉSULTATS ÉCONOMIQUES.

La méthode du traitement indirect, au contraire, est arrivée en ce moment à des résultats positifs, incontestables, qui doivent nous inspirer toute confiance.

Nous n'avons, du reste, pas plus à la décrire ici que la méthode catalane, et nous nous contenterons, s'il est besoin, de renvoyer le lecteur aux ouvrages spéciaux, d'autant plus que, dans cette étude, ce n'est pas la fabrication *du fer* que nous voulons proposer ; nos vues sont plus modestes, ainsi qu'on le verra plus tard. Nous n'avons donc rien à dire du procédé comtois ou bourguignon, ni de l'affinage du Lancashire ou du pays de Galles, etc.

Nous nous contenterons de donner certains résultats économiques, relatifs au haut fourneau, comme nous l'avons faite pour la forge catalane ; nous expliquerons ceux que nous avons déjà indiqués ; puis, comme la transformation que nous voulons recommander se rattache à une méthode qui n'est pas encore très-connue dans tout le département de l'Ariége, la méthode Bessemer, nous donnerons, par exception, quelques détails sur celle-ci.

La méthode indirecte a peut-être la même antiquité et la même origine que la méthode directe. Mais tandis que celle-ci faisait, ainsi que nous l'avons vu, des progrès si peu marqués, la méthode indirecte arrivait à un perfectionnement prodigieux.

Les anciens connaissaient parfaitement l'action des fondants sur les minerais de fer : les chalybes, en fondant le fer, y jetaient de la pierre appelée *pyromaque*, qu'on trouve abondamment dans leur pays. Aristote[1] le dit aussi bien que l'auteur des *Récits merveilleux*[2], et Théophraste, à son tour, s'exprime en ces termes : « C'est ainsi que les pierres pyromaques et les pierres de chaux entrent dans la fusion avec le métal auquel les fondeurs les ajoutent[3]. »

Dans les comtés de Durham et de Northumberland, les recherches des antiquaires Hodgson, Wallische ont révélé l'existence certaine de fonderies considérables[4].

C'est en Angleterre, du reste, que l'histoire nous montre les progrès les plus marqués et les plus sensibles dans la méthode indirecte : les plaques de fonte moulée y ont été employées dès le quatorzième siècle[5], suivant l'antiquaire Lower, qui place en

---

[1] *Météorolog.*, lib. IV, 5.

De mirab. ausc., cap. XLIX, p. 92, éd. Beckn.

[3] *De lapid.*, § 9, t. I, p. 688, éd. Schneid.

[4] Percy, *ouvr. cit.*, t. I, introd., p. xxv.

[5] Percy, t. III, p. 8. — « Un curieux spécimen de la fabrication du fer au quatorzième siècle, dit Fowler, et, dans la limite de mes observations personnelles, le plus ancien objet qui soit sorti de nos fonderies, se trouve dans l'église de Burwash (Sussex). C'est une plaque de fonte ornée d'une croix et portant une inscription en relief. Dans l'opinion de plusieurs antiquaires éminents, cette plaque peut être regardée comme unique, sous le rapport du

outre en l'année 1543, la fusion des premiers canons de fonte[1].

Nous ne suivrons pas les progrès de détail, accomplis dans les siècles suivants : constatons seulement que, *dès le milieu du dix-septième siècle*, ils étaient tels que l'Angleterre pouvait livrer de la fonte au bois à 150 francs, de la fonte au coke à 100 francs, et, par suite, *du fer au bois à 375 francs*, du fer au coke à 500 francs, tandis qu'*au commencement de ce siècle, le fer catalan* se vendait 600 *francs*, et, après la chute de l'empire, 500 *francs*.

Un siècle après, en 1750, le prix de revient de la fonte au bois, en Angleterre, était descendu de 150 à 112 fr. 50, somme qui se décomposait ainsi :

	fr.
Minerai.	26,50
Castine.	1,55
Charbon de bois..	62,50
Salaire des ouvriers et commis.	6,25
Frais imprévus pour creusets et soufflets.	3,00
Loyer de l'usine, intérêts du capital.	12,50
	112,30[2]

On voit, par ces chiffres, combien était déjà, à cette époque, distancée la méthode catalane ; mais des progrès nouveaux, considérables, étaient encore réservés à la méthode indirecte.

style et de l'époque. L'inscription en est fort endommagée, parce qu'elle a été longtemps exposée au frottement des pieds des fidèles. Les lettres sont lombardes et la légende, soumise à un examen attentif, paraît être celle-ci :

« *Orate p. annema Jhone Coline* (ou Colins). »
« Priez pour l'âme de Jean Colins. »

« Je n'ai pu recueillir aucun détail sur l'identité de la personne dont il est fait mention ici. Selon toute probabilité, elle appartenait à la famille Colins, ancienne famille du Sussex, qui s'établit plus tard à Socknersh, dans la commune voisine de Brightling, où, de concert avec bon nombre de bourgeois du voisinage, elle se livra à la fabrication du fer dans une localité qui porte encore le nom de Socknersh-Furnace. » (*Contributions to Literature, historical, antiquarian, and metrical*, par Marc-Antoine *Lower*; 1854, p. 97.)

[1] Percy, t. III, p. 9. — « Le premier fondeur de canons, dit Fowler, fut Ralph Hoge ou Hogge. Mais, ajoute-t-il, ce fondeur employa, dit-on, comme aide, un nommé Pierre Baude, Français, qu'il fit venir pour lui apprendre les méthodes perfectionnées. »

[2] Percy, p. 27.

En 1828, un brevet fut accordé à James Beaumont Neilson, pour une « application perfectionnée de l'air à la production de la chaleur dans les foyers, les forges et les fourneaux, qui exigent l'emploi des souflets ou d'autres appareils soufflants. » C'était l'invention de l'emploi de l'air chaud, dont quelques chiffres vont faire comprendre les résultats.

A l'usine de la Clyde, où le nouveau procédé fut employé pour la première fois, on dépensait pendant les six premiers mois de l'année 1829, 8200 kilog. de houille (transformée en coke) pour obtenir, à l'air froid, 1016 kilog. de fonte ; dans les six derniers mois de la même année, avec l'emploi de l'air chauffé à 148° centig., on ne dépensait plus, par 1016 kil. de fonte, que 5245 kilog. de houille, plus 400 kilog. du même combustible pour le chauffage de l'air.

En 1833, à la même usine, l'air chaud permit d'employer la houille crue, et les 5245 kilog. de houille se réduisirent à 2300, soit environ 2800 au lieu de 8200 par tonne de fonte produite, en tenant compte de la quantité nécessaire pour chauffer le vent ; c'était une économie de 66 pour 100[1].

Enfin, en 1869, dans le *Cleveland*, avec des minerais argileux pauvres, contenant 51 pour 100 de fer, dont il faut employer 4 tonnes pour avoir 1 tonne de fonte, on est parvenu à fabriquer la tonne de fonte avec 20 quintaux anglais, en moyenne, et quelquefois 19 quintaux, soit 1000 et 950 kilog de coke, répondant à 1600 *et 1650 kilog.* de houille ce qui fait en tout 2250 *kilog.* environ, si l'on tient compte de la quantité nécessaire au chauffage du vent, au lieu de 8200 *kilog.* de houille, dépensés en 1829. L'air à introduire, chauffé en cette même année à 120° seulement, était porté à la température de 1100 et 1200°, celle de 1050° étant considérée comme modérée[2].

Tandis que l'emploi de l'air chaud se répandait partout en Angleterre, la France réalisait un autre progrès considérable, l'utilisation des gaz perdus des hauts fourneaux, au sujet de la-

---

[1] D' Clark, *de l'Application du soufflage à l'air chaud à la fabrication de la fonte,* p. 578.

[2] *Iron and Steel manufacture.* — Ouvrage cité, *passim.*

quelle M. Auberloo prit un brevet dès 1811. Chose remarquable, pendant longtemps ces deux progrès marchèrent comme parallèlement, sans se réunir comme ils le sont aujourd'hui.

Ces divers perfectionnements et quelques autres encore ont abaissé prodigieusement le prix de revient de la fonte[1].

« Le prix de revient de la fonte au bois a diminué depuis vingt ans dans une proportion considérable, disait M. Talabot à l'Enquête de 1860 ; autrefois, pour faire 1 tonne de fonte, on consommait 2 TONNES 1/2 DE CHARBON ; *aujourd'hui on n'en consomme plus qu'UNE, et nous croyons qu'on peut encore réduire cette quantité*[2]. »

Or, en disant cela, M. Talabot parlait de minerais ayant une richesse moyenne : si maintenant nous prenons des minerais riches, analogues à ceux de l'Ariége, nous verrons combien, en effet, on peut encore réduire les 1000 kilog. de combustible.

Tout le monde connaît l'usine autrichienne de Lolling, si bien représentée à notre Exposition de 1867. Elle traite des minerais spathiques manganésifères rendant, crus, seulement 42 0/0 de fer. Ces minerais sont grillés, puis portés au haut fourneau soufflé avec de l'air chauffé à 210° en moyenne.

La consommation totale de charbon par tonne de fonte est seulement de 775....571..... et même 564 kilog. par tonne de fonte obtenue[3].

En Suède, les progrès ont été analogues. En 1846, on consommait de 1050 à 1060 kilog. de charbon par tonne de fonte[4].

---

[1] On peut encore signaler parmi les perfectionnements importants *la grande élévation* donnée aux hauts fourneaux qui absorbent alors presque tout le colorique des gaz avant de les laisser s'échapper.

Dans le *Cleveland*, MM. *Bolckow* et *Vaughan* ont à *Eston* deux hauts fourneaux de 29 mètres de hauteur et à *Ferryhill*, la *Compagnie de Rosedale* en a deux également atteignant la hauteur de 51^m,10.

D'après les calculs de M. Charles Cochrane, de Dudley, on doit pouvoir à cette hauteur réduire la température des gaz de sortie à 3..° cent.

[2] *Enquête industrielle*, t. I, p. 198.

[3] *Revue de l'Exposition*, ouvr. cit., 8e n°, p. 584 et suiv.; — Voy. Scheerer, *Métallurgie*, passim; — Valérius, *Fabrication de la fonte*, p. 654.

[4] Le Play, *de la Fabrication et du commerce des fers et aciers dans le nord de l'Europe*.

En 1866, on était arrivé à ne pas consommer en tout, grillage compris, plus 700 à 750 kilog. de charbon, et on espérait réduire encore cette quantité[1].

Tous les minerais[2] employés subissent l'opération du grillage qui a pour but d'éliminer le soufre et d'augmenter la réductibilité et s'opère, au moyen des gaz perdus, dans les fours Westman[3].

Ces divers progrès, on ne saurait trop le répéter, n'ont pas moins contribué que le bas prix du charbon au prix relativement bas des fers au bois de Suède.

II. — MÉTAL BESSEMER.

A. — *Description du procédé*.

Nous avons dit que nous parlerions du système Bessemer, dont le triomphe s'affirme de plus en plus, et qui, se répandant chaque jour davantage, opère dans la métallurgie une véritable révolution.

[1] *Revue de l'Exposition de* 1867, *ouvr. cit.*, t. XXIII et XXIV *bis* réunis, p. 169.

[2] Les cinq analyses suivantes donneront une idée générale de la composition de ces minerais :

	1	2	3	4	5
Oxyde magnétique de fer.	71,40	85,80	75,55	88,90	»
Peroxyde de fer. . .	»	»	»	»	71,40
Protoxyde de manganèse..	6,75	1,52	0,20	5,06	0,45
Silice.	5,75	4,12	15,75	5,31	26,70
Alumine.	0,00	0,76	1,55	0,58	0,40
Chaux.	5,65	2,75	5,65	0,98	1,60
Magnésie..	5,25	2,54	6,01	1,16	0,50
Acide carbonique. .	11,20	2,50	0,20	»	»
Soufre..	»	0,013	0,035	0,05	0,04
Phosphore.	traces.	0,0053	0,008	0,005	0,016
	100,00	100,0063	100,555	100,045	100,606

[3] Percy, t. III, p. 90.

Qu'est-ce donc que le procédé Bessemer ?

Il repose sur une idée des plus simples, la décarburation de la fonte par l'oxygène de l'air atmosphérique.

« L'invention, dit M. Bessemer, dans son premier brevet du du 17 octobre 1856 analysé par M. Percy, l'invention consiste à injecter des courants d'air ou de vapeur, au milieu de la fonte brute en fusion, de la fonte en seconde fusion ou de la fonte finée jusqu'à ce que le métal, devenu malléable, ait acquis d'autres propriétés communes à l'acier fondu, et cela, tout en lui conservant son état de fluidité, de façon à le couler ou à le verser dans des moules convenables. La fonte, ainsi fondue, est coulée dans des creusets préalablement chauffés et contenus dans un fourneau rectangulaire, dont la grille est placée verticalement le long des parois et non pas sur la sole. Chaque creuset est percé, au fond, d'un trou par lequel on fait couler le métal dans les moules sous le fourneau. De la vapeur ou de l'air, soit séparément, soit ensemble, et surtout après les avoir portés à une haute température, sont injectés de haut en bas dans un tuyau qui descend jusqu'au fond de chaque creuset. *La vapeur, est-il dit, refroidit le métal, mais l'air cause un accroissement rapide de température, et le métal passe du rouge au blanc éclatant.* Quand le métal est assez décarburé, on fait la coulée. C'est dans l'accroissement de température mentionné ici, que se trouve le germe de l'invention [1]. »

[1] Henry Bessemer, *Improvements in the manufacture of cast steel*; — Percy, ouvrage déjà cité, t. IV, p. 243.

On ne lira pas sans intérêt, croyons-nous, le récit de la première expérience du nouveau procédé.

« M. Bessemer, dit M. de Billy, construisit, sur ses propres dessins, un four et une soufflerie; le convertisseur était un simple cylindre placé verticalement, garni à l'intérieur d'argile réfractaire, ayant à la partie inférieure six tuyères horizontales distribuées sur le pourtour, et à sa partie supérieure un orifice de 4 pouces anglais de diamètre.

« Le jour impatiemment attendu de l'expérience étant arrivé, M. Bessemer fit couler à peu près 7 quintaux (390 kilog. environ) de fonte dans le convertisseur, puis il donna le vent. Un bruit sourd d'ébullition accompagné d'un vif courant d'air chaud et de quelques étincelles sortant par l'orifice supérieur, marqua le commencement de l'opération. On avait suspendu à une chaîne, au-dessus de l'orifice, une plaque en tôle afin d'arrêter toutes les projections.

M. Bessemer a apporté à son invention divers perfectionnements pour lesquels il a pris des brevets : c'est ainsi que le creuset a été remplacé par une cornue *mobile*, appelée *convertisseur*, pouvant contenir 7 à 8 tonnes de fonte, et permettant un déversement facile du métal dans les moules qui doivent le recevoir. En outre, au lieu de réchauffer la fonte primitivement coulée, on s'est mis à conduire dans le convertisseur la fonte même sortant du haut fourneau.

Mais un perfectionnement, d'une importance capitale, a été apporté par un nouvel inventeur, M. *Robert Mushet*, qui a pris lui-même un brevet le 22 septembre 1856 : c'est celui qui consiste à ajouter du *spiegeleisen* fondu au métal Bessemer décarburé.

Avant cette invention, il était, dans la pratique, extrêmement difficile de déterminer, d'une manière positive, le moment où la décarburation était arrivée au point convenable et où, par con-

A quelques minutes d'intervalle, les premières étincelles furent suivies par une petite flamme dont le volume et l'intensité allèrent croissant, et qui, réfléchie par la plaque de tôle, répandit à l'entour une très-vive lumière.

« Bientôt après apparurent des projections de scorie qui augmentèrent promptement et dont la solidification à l'intérieur, diminuant de plus en plus la section à l'orifice, accrut la violence de sortie de la flamme blanche et transforma l'appareil en un puissant chalumeau.

« Aussi la plaque suspendue à un pied (environ 0^m,30) de l'ouverture fut-elle bientôt fondue, et les scories furent projetées en l'air avec abondance comme les gouttes d'eau entraînées par le courant dans certains appareils à vapeur.

« Immédiatement après, le métal liquide, à l'état de fer malléable et incandescent, fut lancé comme l'eau d'une fontaine sur les toits des constructions voisines, qu'il menaçait d'incendier. Et comme à ce moment l'approche de la vanne d'air était absolument impossible, il fallut bien laisser continuer l'opération jusqu'à ce qu'elle eût épuisé sa fureur. Le revêtement intérieur en briques se trouvait alors complétement fondu et détruit ; le peu de métal resté dans l'appareil était à la fois parfaitement liquide et totalement décarburé. »

C'était un véritable succès, et on remarquera la concordance des diverses périodes de cette opération, encore fort imparfaite, avec celles des opérations exécutées aujourd'hui. Mais bien des difficultés de plus d'une sorte paralysèrent pendant quelques années encore le développement de l'invention nouvelle, qui n'entra dans sa dernière phase que le 5 janvier 1859, à l'usine de M. Goranson, en Suède, à Edsken. Cette fois le succès fut complet. Il était temps ; M. Bessemer, comme Bernard Palissy, avait englouti toute sa fortune. (*Ann. des mines*, VIe série, t. XIV, p. 25 et suiv.)

séquent, il fallait arrêter le vent. En outre, et c'est là un point important, les fontes au coke les meilleures contiennent toujours une certaine quantité de soufre et de phosphore qu'il importe d'éliminer, et que ni l'air ni la vapeur ne pouvaient évidemment enlever ; l'invention de M. Mushet est venue faire disparaître ces deux inconvénients.

Le *spiegeleisen*, en effet, sorte de fonte blanche miroitante, ne contient pas seulement une quantité de *carbone* plus ou moins considérable, sur l'état atomique duquel les chimistes ne sont pas bien d'accord, il renferme, en outre, une certaine proportion de *manganèse*. On comprend dès lors son rôle dans le convertisseur : le carbone recarbure le fer et lui donne la composition de l'acier, en même temps que le manganèse se combine avec le soufre et le phosphore, les fait passer dans les scories et en débarrasse complétement le métal obtenu.

Cette addition se fait du reste de la façon la plus simple : il suffit, dans les derniers instants de l'opération, qui dure 25 minutes en moyenne, de jeter dans le convertisseur le *spiegeleisen* en fusion suivant la proportion voulue ; après 2 ou 3 minutes, le bessemérage est terminé, et on verse l'acier dans les moules préparés.

Le succès de l'invention de M. Bessemer a dépassé toutes les prévisions ; jamais peut-être, ainsi qu'on l'a dit justement, émotion si vive et à la fois si justifiée n'avait été produite dans le monde sidérurgique, et, puisque des raisons, *que nous savons être tout à fait étrangères à la métallurgie*, ont empêché le fonctionnement d'un petit appareil Bessemer établi près de Foix, et discrédité, auprès de certaines personnes de l'Ariége, le nouveau procédé, nous allons en faire connaître les principales applications et montrer son triomphe dans l'univers entier.

B. --- *Application du procédé Bessemer dans le monde entier.*

En France, on marche d'une façon normale à Imphy, Assailly, Montluçon, Terrenoire, Bessèges, Mutterhausen, à Saint-Jacques

(Châtillon-Commentry); on installe des convertisseurs à Saint-Étienne (usine Barouin) et au Creuzot.

Pour donner une idée de la production de Terrenoire, nous ferons remarquer que, dans le premier semestre de 1869, la Compagnie en possession de cette usine a produit, à elle seule, 15,000 tonnes d'acier.

Assailly possède 3 convertisseurs de 8 tonnes chacun, et dont la marche régulière est de 7 1/2 tonnes.

En Angleterre, les appareils se sont considérablement multipliés. « En 1861, dit M. Gruner, la production totale de *l'acier de toute catégorie* y était de 1000 tonnes à peine par semaine, tandis que, dès 1866, le seul *acier Bessemer* formait un total hebdomadaire de 3000 tonnes. Les principales usines où fonctionnent les appareils Bessemer sont :

« A Sheffield, la forge de MM. Brown et Cᵉ (*Atlas iron Works*), et celle de MM. Cammel et Cᵉ (*Cyclops iron Works*); la première est pourvue de plusieurs convertisseurs tenant 10 tonnes;

« A Liverpool, les *Mersey* forges, avec 2 cornues de 5 tonnes; à Crewe, la grande usine du North-Western Railway, avec 4 cornues de 5 tonnes; dans le *pays de Galles*, les deux forges de Dowlais et Ebbw Vale, avec 12 cornues de 5 tonnes;

« *Dans le nord de l'Angleterre*, la forge de Tudhoë et quelques autres à Manchester, et dans le district des hématites du Cumberland[1]. »

Depuis le moment où M. Gruner s'exprimait ainsi, la fabrication du métal Bessemer s'est considérablement développée dans la Grande-Bretagne. Il n'y a pas, en ce moment, moins de 17 usines importantes se livrant à cette industrie; à la fin de 1868, il existait déjà dans ce pays 60 convertisseurs capables de recevoir, chacun, de 3 à 10 tonnes et ensemble, de fournir, par 24 heures en marche régulière, 1000 tonnes d'acier, c'est-à-dire 15 fois ce que produisait la Grande-Bretagne, en acier fondu, avant l'introduction du procédé Bessemer. L'usine de Dowlais complétait alors une installation lui permettant de porter sa

---

[1] Gruner, *de l'Acier et de sa fabrication*, p. 39 et 40.

propre fabrication à 2000 ou 2400 tonnes d'acier par 6 jours.

M. Bessemer, de son côté, a installé à Sheffield même une usine importante.

En Autriche, le procédé Bessemer a pris également un rapide essor, ainsi qu'il résulte du journal de Leoben et des *Ann. des mines* de Vienne, dont nous extrayons, avec M. Gruner, les détails suivants : les premiers appareils ont été installés à l'usine de Turrach (Styrie), en 1863, et à Heft (Carinthie), en 1864 ; puis, en 1864 et 1865, dans l'établissement impérial de Neuberg et dans la forge de Gratz, appartenant à la Compagnie des chemins de fer du Sud de l'Autriche. En 1867, on en a installé à Reschitza en Hongrie, et à Wihkowitz en Moravie. Cette dernière usine doit traiter des fontes au coke, prises directement à un haut fourneau à poitrine fermée. Enfin, dans les usines de Zöptau (Moravie) et de Zeltweg (Styrie), où on se propose également dans ces derniers temps de monter l'appareil nouveau. Dès l'année 1865, la production en acier Bessemer s'est élevée à 3600 tonnes, dans les usines de Styrie et de Carinthie[1]. — Aujourd'hui on le fabrique en 10 usines.

En Prusse, le procédé Bessemer fonctionne à Hoerde, à Bochum, à Essen, chez M. Krupp, etc., en tout dans 7 usines.

Aux États-Unis, on le trouve dans les 5 établissements suivants :

The Bessemer steel Works, à New-York.

The Pensylvania steel Works, Starrisbury (Pens.).

The Freedom iron steel Works, Lewistown (Pens.).

The Cleveland Rolling Mill Cᵒ, Cleveland (Ohio).

The Wyandolle steel Works, Wyandolle (Michigan).

Enfin, on le rencontre en Suède, en Italie, et jusque dans les Indes.

Dans le monde entier, il y a en ce moment environ 150 convertisseurs, pouvant recevoir de 1 à 10 tonnes de fonte chacun, et fabriquer, par an, *au moins* un demi-million de tonnes d'acier, et chaque jour ne fait qu'apporter de nouveaux développements à cette puissante industrie.

[1] Gruner, *ouvr. cité*, p. 48.

CHAPITRE V

Des ressources de l'Ariége pour la métallurgie au bois.

Nous allons maintenant examiner les ressources que présente, pour la métallurgie au bois, le pays dont nous nous occupons.

I. — DU MINERAI.

A. — *Minerais divers.*

Le département de l'Ariége contient plusieurs gisements de minerai, parmi lesquels nous pouvons signaler d'abord les mines de Rivernet et d'Alzein.

La mine de Rivernet, dans le terrain silurien inférieur, qui appartient à MM. Schmid et Delrieu, a produit en 1866 de 3 à 4000 tonnes de minerai : celui-ci, rendant 50 à 42 pour 100 de fonte, est livré, en gare de Saint-Girons, à raison de 7 à 8 fr. la tonne. C'est un fer oligiste, quelquefois cristallisé, renfermant aussi de l'hématite brune manganésifère. Un échantillon analysé à la Faculté des sciences de Marseille a fourni 47,53 pour 100 de fer, et 4,27 pour 100 de manganèse ; on a une gangue presque exclusivement siliceuse[1].

La minière d'Alzein, dans le terrain devonien, fournit des hématites brunes manganésifères, analogues à celles de Rancié, et rendant 44 pour 100 au haut fourneau. On en extrait 4 à 5000 tonnes par an.

Récemment, la Compagnie de Pamiers a acheté, près d'Andorre, la mine de l'Hospitalet, qu'elle a commencé à exploiter.

En dehors de ces gisements en exploitation, il existe encore

---

[1] *Revue de l'Exposition de 1867, ouvr. cité,* n° 3, p. 467.

dans l'Ariége, ou sur ses limites, un grand nombre de gîtes métallifères indiqués par M. T. Richard, et dont voici la nomenclature[1] :

<table>
<tr><td>Agnecerre,</td><td>Lassur,</td></tr>
<tr><td>Alens,</td><td>Lercoul (Montagne de),</td></tr>
<tr><td>Andorre,</td><td>Lescure,</td></tr>
<tr><td>Bajen,</td><td>Luzenac,</td></tr>
<tr><td>Bouan,</td><td>Maz d'Azil,</td></tr>
<tr><td>Caillardet,</td><td>Mercenac,</td></tr>
<tr><td>Cassagne ou Casque,</td><td>Montferrier,</td></tr>
<tr><td>Castet,</td><td>Miglos,</td></tr>
<tr><td>Carbon,</td><td>Norgeat,</td></tr>
<tr><td>Col du Four,</td><td>Pech de Foix,</td></tr>
<tr><td>Cassalet (Roc de),</td><td>Pech de Ferrière,</td></tr>
<tr><td>Engandue,</td><td>Pinette (La),</td></tr>
<tr><td>Ensignan (Combe d'),</td><td>Piousselle ou Puiset,</td></tr>
<tr><td>Ferrasse,</td><td>Portet,</td></tr>
<tr><td>Fonsainte (La),</td><td>Port de Pallier,</td></tr>
<tr><td>Fontet (Vallée de),</td><td>Rimont,</td></tr>
<tr><td>Gourbit,</td><td>Roquefixade,</td></tr>
<tr><td>Gudannes,</td><td>Rabat,</td></tr>
<tr><td>Houlette (La),</td><td>Saraute (La),</td></tr>
<tr><td>La Besolle,</td><td>St-Pierre (Montagne de),</td></tr>
<tr><td>Lacorre ou Lucorre.</td><td>Saint-Sauveur,</td></tr>
<tr><td>La Ramaillère,</td><td>Vaychis.</td></tr>
</table>

Mais aucun de ces points ne nous présente *aujourd'hui*, pour la fabrication des produits spéciaux dont nous voulons nous occuper, assez de sécurité pour que nous osions conseiller de les choisir comme lieu d'approvisionnement; c'est au Rancié, suivant nous, que la métallurgie au bois de l'Ariége devra, jusqu'à nouvel ordre[2], se pourvoir de minerai, ainsi que le faisaient les forges catalanes, éloignées parfois de 160 et 180 kilom.[3].

Nous allons donc donner, sur cet important gisement, quelques détails que nous emprunterons en grande partie, du reste, à la description qui en a été si bien faite par M. Mussy[4].

[1] T. Richard, *Études sur l'art d'extraire immédiatement le fer de ses minerais*, p. 77.

[2] Nous disons *jusqu'à nouvel ordre*, parce que nous avons des raisons de croire qu'il sera possible un jour, d'avoir un lieu d'approvisionnement plus avantageux que le Rancié.

[3] François, *ouvr. cit.*, p. 183.

[4] *Ann. des mines*, t. XIV, 1868.

B. — *Le Rancié.*

La montagne calcaire du Rancié forme, au-dessus de la vallée de Vicdessos, l'avant-poste de la série de crêtes élevées qui s'étendent jusqu'au pic d'Endron, du nord au sud, entre les vallons de Siguer et de Sem. Sa hauteur est de 1600 mètres au-dessus de de la mer, 900 mètres au-dessus de Vicdessos, et 600 mètres au-dessus du village de Sem.

Sur cette hauteur de 600 mètres, depuis le sommet jusqu'au niveau de Sem, sont échelonnées, le long du versant oriental de la montagne, les entrées des différentes mines du Rancié anciennes ou modernes, et dont voici les principales :

 1° Tranchée superficielle du sommet du Rancié ;
 2" La Roque ;
 3° La Craugne ;
 4° Le Tartier ;
 5° Le Poutz ;
 6° L'Auriette ;
 7° La Graillère ;
 8° Sainte-Barbe ou les Radicalbes ;
 9° L'Escudelle ;
 10° Bellagre ;
 11° Becquey au niveau du village de Sem ;

De grands vides ou des affaissements du sol, provenant de l'exploitation des anciens, indiquent la plupart de ces entrées.

Le gîte principal a été reconnu, dans toute la montagne du Rancié, depuis presque le sommet jusqu'au niveau de Sem ; il est formé d'une série de renflements et étranglements successifs lui donnant une allure de chapelet ; l'ensemble forme, suivant l'allongement, un vaste triangle

  Haut de. . . . . . . 500 mètres,
  Long de.. . . . . . 900 mètres environ.

Chaque amas minéral, formant le grain de chapelet, a une puissance des plus variables, qui est souvent de 5 à 8 mètres, parfois presque nulle, parfois de 25 mètres, en moyenne de 5^m,70.

Ces différents amas paraissent répartis en trois colonnes qui, partant à peu près du sommet de la montagne, divergent de plus en plus dans les régions profondes.

La première colonne minérale comprend l'ensemble des amas voisins de la surface ; elle part du sommet de l'ancienne mine, de la Craugne, pour descendre, en s'évasant sous une forme triangulaire, avec une pente moyenne de 42 à 43° du côté de l'Ouest, jusqu'à l'amas de l'Escudelle, au niveau de Becquey, où elle a une base de 500 mètres : sa hauteur verticale est de 400 mètres, sa longueur, suivant son inclinaison moyenne, de 700 mètres.

La deuxième colonne part de la mine la plus élevée de la Roque, à 100 mètres plus haut que la précédente, et descend, jusqu'à Becquey, avec une pente moyenne à l'ouest de 59° : elle a été reconnue sur 500 mètres de hauteur, 600 mètres suivant l'inclinaison moyenne, et une largeur un peu variable qui assez souvent atteint 200 mètres.

La troisième colonne n'a encore été reconnue qu'aux extrêmes avancées de la Craugne et du Poutz, sur 60 à 70 mètres en direction, et 120 mètres de haut. La direction moyenne incline de 85 à 86°, du côté de l'est, en sens inverse des précédentes ; en profondeur, si elle se poursuit, comme il y a lieu de l'espérer, elle diverge assez rapidement vers l'est, en s'éloignant des deux premières.

L'origine de l'exploitation de ces mines est inconnue, mais des documents positifs établissent qu'elle remonte à plus de six siècles ; il en résulte que la masse minérale actuelle se compose aujourd'hui de deux éléments bien distincts :

1° Des *amas minéraux* à l'état primitif, non encore attaqués ;

2° Des *éboulis*, provenant d'exploitations incomplètes faites antérieurement, dans les amas minéraux.

Ainsi que l'indique M. François, les anciens mineurs s'avançaient dans les amas, toujours en descendant depuis la surface, et s'attachaient à suivre le minerai qu'ils enlevaient au pic et au coin, et quelquefois à la poudre ; si le minerai était abondant, ils marchaient en large taille sur 3 à 4 mètres de large, et 2^m,50 à 3 mètres de hauteur.

Lorsqu'on a commencé à reprendre les *éboulis*, les mineurs s'y avançaient en attaquant le minerai en blocs épars, au fur et à mesure de leur découverte; ils s'aventuraient dans des galeries si mal faites, que M. d'Aubuisson a pu écrire avec justesse en 1812, cette description d'un des chantiers : « Ils (les ouvriers) travaillent sous des voûtes formées de quartiers de roches et de fragments de la couche (métallifère), sans liaison, s'appuyant simplement les uns sur les autres. Sans hyperbole, on peut dire que ces ouvriers ont sans cesse la mort en équilibre sur leur tête, qu'un rien peut rompre cet équilibre, et les anéantir sous des milliers de quintaux de pierres[1]. »

Aujourd'hui, le mode d'exploitation du Rancié consiste, dans un *amas* quelconque, à faire des traçages par galeries horizontales de 1^m,50 à 2 mètres de large, soit au mur, soit au toit, à des niveaux distants de 7 à 10 mètres; ces galeries sont reliées entre elles, sur un même niveau, par des recoupes, et deux niveaux successifs sont mis en communication par des cheminées inclinées de 30 à 50° et à peu près parallèles entre elles; ces cheminées sont également distantes les unes des autres de 7 à 10 mètres.

Ce traçage terminé, la masse est divisée en une série de piliers en forme de losanges inclinés, ayant à peu près 7 à 10 mètres de côté; plus tard, on procède au dépilage en recoupant tout d'abord en quatre chacun de ces piliers par des galeries et traverses, et, suivant les cas, c'est-à-dire suivant le plus ou moins de danger du travail, on enlève ou on laisse comme piliers de soutènement les petits stocks ainsi découpés; on a bien soin de laisser autant que possible, à titre de soutiens, les stocks composés de minerai pauvre et placés aux étranglements des amas, dans les régions où les roches du toit et du mur se rapprochent.

Dans les *éboulis*, les mineurs se dirigent à travers de petites

[1] François, p. 143.

galeries *boisées*, au moyen desquelles ils vont à la recherche des blocs isolés abandonnés par les anciens.

Les *amas, actuellement en exploitation*, présentent une masse de 403,509 tonnes, parfaitement déterminée : « Mais, dit M. Mussy, l'expérience des dernières années a reconnu que *l'avancement* annuel des chantiers aux avancées mettait à découvert *au moins autant de minerai qu'il en était enlevé par l'exploitation courante;* la réserve se maintient bien régulièrement depuis assez longtemps et a plutôt une tendance à s'ACCROITRE. »

Ainsi, il ne faut pas considérer les *amas* du Rancié comme formant seulement une masse minérale de 400,000 tonnes à exploiter; ce serait une erreur complète, ainsi que l'expérience le démontre. Il faut voir, au contraire, dans ce magnifique gisement, une sorte de capital pouvant donner annuellement un produit de 25,000 tonnes au minimum, en conservant un fond de réserve de 400,000 tonnes.

Quant aux ressources présentées par les *éboulis*, il est impossible de les représenter par des chiffres : « En règle générale, les recherches aux éboulis réussissent surtout bien à leur base, non loin du massif en contact.

« Il faut, en outre, dit M. Mussy, ajouter à toutes ces ressources les espérances que peuvent faire réaliser des recherches faites, suivant l'usage, à travers roches, pour aller à la poursuite d'amas plus ou moins inconnus, indiqués seulement par leurs affleurements, les traditions et le sentiment que peut donner l'étude approfondie des allures irrégulières du gîte. »

L'honorable ingénieur indique ensuite les recherches qui, d'après ses propres études, lui paraissent avoir le plus de chances de succès, et qui, selon lui, devraient se faire *en dessous de Becquey*, à l'avancée de l'*est*, à la *Piquette*, à *Pujol-Rouch*, enfin dans la région comprise entre l'Escudelle et Becquey.

On peut donc le dire sans crainte, le Rancié, qui depuis six siècles a déjà fourni 4,700,000 tonnes de minerai, est en mesure de fournir longtemps encore au pays un minerai abondant.

Et cette confiance doit être d'autant plus grande, que les fourneaux au coke, amenés par la nature de leurs produits à moins rechercher la perfection dans le minerai, ont commencé à employer activement les autres minerais de l'Ariége, qu'ils obtiendront toujours à un prix inférieur à celui du Rancié.

b. — Richesse considérable du minerai en fer et en manganèse.

Le minerai du Rancié est exceptionnellement riche.

M. Mussy, dans son laboratoire de Viedessos, a pris la peine de faire un très-grand nombre d'essais, par la voie humide, sur diverses qualités de minerais choisis à tous les niveaux, depuis la haute mine de la Roque jusqu'à l'étage le plus inférieur de Becquey.

Il résulte de cinquante-huit analyses ainsi faites que le minerai du Rancié peut être considéré comme ayant la composition moyenne suivante :

Eau.	10,6
Acide carbonique.	1,5
Manganèse.	5,5
Oxyde de manganèse. . . .	1,1
Fer.	50,7
Oxygène du fer.	22,4
Chaux.	1,5
Magnésie.	0,4
Gangue siliceuse.	8,5
Total.	99,4

Ainsi, nous avons là une teneur considérable en fer, *une teneur notable en manganèse*, absence complète de soufre et de phosphore.

Pour donner une idée de la valeur de ce minerai, il suffit de rappeler qu'en France les minerais rendent en moyenne 58 p. 100 de fer, et en Angleterre 35 p. 100 seulement[1].

c. — Conditions économiques déplorables.

A quelles conditions la métallurgie peut-elle se procurer cette matière première? C'est ce que nous allons rechercher à présent.

[1] Gruner et Lan, *Ann. des mines*, V⁰ série, t. XIV, p. 201.

Jusqu'en 1833, dit M. François, la propriété des mines de
Rancié n'avait pas été complétement définie ; les habitants de la
vallée de Vicdessos étaient maintenus dans la jouissance en vertu
des chartes des comtés de Foix et des lettres patentes des
rois de France[1]. Ce fut en 1833 seulement, qu'aux termes des
lois de 1791 et 1810 sur les mines, deux ordonnances royales
des 31 mai et 25 septembre, portant règlement général, régula-
risèrent la concession des mines de Rancié en faveur de huit
communes composant l'ancienne vallée de Vicdessos, à savoir :
Auzat, Goulier-et-Olbier, Illier-et-Laramade, Orus, Saleix, Sem,
Suc-et-Sentenac, Vicdessos.

A cet acte de concession est joint un cahier des charges détermi-
nant les conditions de l'exploitation dans tous leurs détails, donnant l'usufruit des mines à une société ouvrière, des membres de
laquelle le nombre[2] est variable suivant les besoins de l'industrie,
et réservant seulement, sur le prix de vente, une retenue appelée
octroi, destinée à l'entretien des mines et du fonds de secours.
Chaque sociétaire, propriétaire du minerai extrait par son
travail, est désigné par l'autorité et du jour où il entre, suivant
l'expression consacrée, dans l'*Office des mines*, il a droit à sa
part journalière de travail jusqu'à sa mort, à moins de fautes
très-graves amenant son expulsion. En cas de vieillesse, d'acci-
dent, de maladie éventuelle, il reçoit de la société ouvrière,

---

[1] En 1293, Roger-Bernard, comte de Foix, donna aux habitants de la vallée
de Vicdessos, par une charte solennelle, plusieurs priviléges tels que celui de
nommer leurs consuls, de n'être jugés que par ces derniers, et, selon leurs
usages, de défendre leurs frontières, de faire la paix avec leurs voisins, d'avo'r
à volonté des fours selon leurs besoins ; de plus, par un article spécial, il
leur concède, à tous et à chacun, le droit de tirer du minerai de fer (*petra
ferrea*) des minières (*mineriis*) de la vallée, de couper les arbres et de char-
bonner dans les forêts.

En 1504, le comte Gaston confirma cette charte et assura aux habitants la
libre jouissance des mines et du minerai entre les limites de leur territoire
sans droit de leude ni subside.

Les chartes de 1293 et 1504 furent confirmées par lettres patentes des
rois de France, Henri IV, Louis XIII et Louis XIV, de mars 1610, mars 1611 et
octobre 1659.

[2] Ce nombre est aujourd'hui de 450.

organisée en société de secours, une assistance régulière et suffisante qui le met à l'abri de la misère.

La Société ouvrière du Rancié est mise sous la direction immédiate de l'État, représenté par M. le préfet de l'Ariége, admi-
nistrateur général, et par les ingénieurs des mines de l'État,
chargés de tout ce qui regarde l'aménagement des travaux et la
police de la mine.

Entre la Société ouvrière et l'État agissent, en qualité d'inter-
médiaires, cinq ouvriers mineurs assermentés, nommés pour
cinq ans par l'autorité, indéfiniment rééligibles et portant le
nom de *jurats*; à ces jurats est confiée la surveillance immédiate
des chantiers, la distribution du travail entre les divers membres
de la société, et toute la discipline intime.

Voyons maintenant comment cette société opère son travail
d'extraction.

D'ordinaire, les mineurs s'associent par groupes de dix, quinze
ou vingt; les uns arrachent la mine, ce sont les *peyriers*; les
autres l'enlèvent et la transportent, on les nomme les *gourba-*
tiers. La besogne de ceux-ci a été considérablement diminuée
depuis 1865 et le sera encore davantage dans quelque temps.
Aujourd'hui, en effet, les seuls chantiers où l'on travaille sont ceux
de Becquey et de Sainte-Barbe; les trois quarts de l'*Office* sont
à Becquey et, de ces chantiers, une galerie, avec une voie ferrée
de 100 mètres de long, permet de conduire les minerais jusqu'au
jour, en sorte que le transport à dos d'homme ne s'y fait plus
que dans des galeries secondaires, sur des longueurs de 50 à
60 mètres. A Sainte-Barbe, située à 150 mètres au-dessus de
Becquey, le minerai est encore sorti suivant les anciens procédés ;
mais en ce moment l'administration s'occupe d'établir, entre
Sainte-Barbe et Becquey, une communication rectiligne, permettant au minerai de descendre de Sainte-Barbe à Becquey, pour
être ensuite conduit au dehors par la galerie dont nous avons
parlé.

Le minerai, arrivé sur le carreau de la mine, est vendu à des
entrepreneurs qui, à dos de mulet, le transportent à Cabres,
hameau situé à 2500 mètres de Becquey, où ils le revendent

à un magasinier, lequel enfin le livre aux maîtres de forge.

Les prix de ces diverses manutentions sont aujourd'hui ainsi établis par tonne de minerai :

	fr.
Salaire du mineur..	9,166
Octroi pour l'entretien des mines.. .	0,833
Frais de muletage des mines à Cabres.	3,333
Frais de magasinage et bénéfice du maganisier..	1,666
Total.	14,998
Soit 15 fr.[1].	

Ainsi, du minerai qui se vend 10 fr. sur le carreau de la mine, est payé 15 fr. par les maîtres de forges à 2 kilom. 1/2 plus loin.

Avant la construction de la galerie de Becquey, dont nous avons parlé, ce même minerai était vendu à Cabres 18 fr. 33, au lieu de 15 fr. M. Mussy croit que l'achèvement de la galerie de Sainte-Barbe abaissera encore le prix de 0 fr. 05 par volte ou charge de 60 kilogr., soit de 0 fr. 83 par tonne. Le prix de 15 fr. descendrait donc prochainement à 14 fr. 20 environ.

II. — DU COMBUSTIBLE.

Les ressources en combustibles peuvent être demandées aux particuliers, à l'État et aux communes : les particuliers ont, dans le département de l'Ariége, 69,698 hectares de forêts[2], l'État 57,007, les communes 18,571, ce qui fait un ensemble de 145,000 hectares environ.

Nous ne chercherons pas, à l'aide de ces chiffres, à déterminer la possibilité en bois de l'Ariége ; mais nous y trouvons une explication frappante du fait que nous avons signalé en commençant : la ruine de la propriété forestière. Il est bien certain que, dans ces pays peu habités, où les forêts sont généralement séparées des grands centres par des distances longues et difficiles à franchir, les bois de chauffage et les charbons, qui se trouvent en abon-

---

[1] M. Mussy en établissant ces chiffres ne fait pas de distinction entre le minerai venant de Sainte-Barbe et celui de Becquey, il prend une moyenne.

[2] *Annuaire des Eaux-et-Forêts.*

dance sur certains points, ne peuvent pas ne pas être à très-bas prix, s'il n'existe pas une industrie les consommant sur place. En laissant de côté les biens domaniaux et communaux, qui naturellement souffrent comme les autres, on nous a affirmé que la crise actuelle se fait particulièrement sentir sur la moitié, environ, des 70,000 hectares de propriété privée dont nous venons de parler, dans des immeubles pouvant fournir annuellement environ 5000 tonnes de charbon de bois. Ce chiffre ne nous semble pas exagéré, nous allons l'adopter dans la suite de ce travail, le soumettant à ceux-là même qui sont en mesure de le contrôler, aux propriétaires forestiers du pays. S'il doit être un peu augmenté ou diminué, cela ne changera en rien nos conclusions; il y aura lieu, seulement, d'accroître ou de restreindre la fabrication dont nous allons parler.

Les essences sont variables.

Les terrains tertiaires de la plaine sont plantés de chêne vert et de chêne noir.

Sur la zone des terrains crétacés supérieurs, ce sont des chênes noirs et des hêtres. Le chêne noir domine, il est seul sur les crêtes calcaires (Peyrat, le Carlat, Caravel, Prab, Betchat; le Mas, etc...)

Sur la zone secondaire inférieure, on trouve le hêtre et le sapin. Le sapin tend à dominer exclusivement; il y étouffe le hêtre (Bélesta, Puivert, Fourjax, Roquefort, etc.)

Sur les points occupés par les terrains primitifs et les terrains de transition, ceux-ci surtout, on voit le hêtre, le sapin, le noisetier, l'aulne et le bouleau (Saint-Lary, Ustou, Oust, Sentein, etc...) Le hêtre domine et tend à étouffer le pin et le sapin. Le pin est fort rare sur le versant français des Pyrénées; on ne le trouve que sur le versant espagnol.

On peut admettre qu'en général le rapport des essences, pour charbonnage, est de trois cinquièmes de hêtre et chêne, donnant un charbon pesant et fort, et deux cinquièmes de sapin, noisetier, aulne, etc., donnant un charbon léger et doux [1].

---

[1] François, *ouvr. cit.*, p. 168. — La proportion indiquée ici a été calculée

Nous avons eu occasion de parler de la situation désastreuse où la ruine des forges catalanes a placé ces forêts.

Nous avons montré des bois essence de chêne ne rapportant au propriétaire que 1 franc par stère.

Nous allons maintenant donner quelques renseignements économiques, qui nous serviront plus tard à évaluer le revenu net de la tonne de charbon, dans l'industrie transformée que nous voulons proposer [1].

Les *frais de carbonisation* se payent généralement d'après les mesures du pays, soit 2 fr. 50 par *charge*, dans les forêts situées en montagne, et 2 fr. dans les forêts situées en plaine, en comprenant dans ces chiffres l'abatage du bois, le roulage, le dressage, la façon des places et la cuisson.

La charge comprend trois sacs.

Le sac pèse :

                En charbon de hètre.. . . . .   46 kilog.
                    id.   de chêne. . . .   40 kilog.
                    id.   de sapin. . . . .   28 kilog.

La tonne de 1000 kilogrammes répond donc à :

    22 sacs de charbon de hètre ou   7 charges $\frac{1}{3}$,
    25   id   de chêne ou   8   id.
    36   id.   de sapin ou 12   id.

Et par conséquent :

Les frais de carbonisation d'une tonne de charbon reviennent :	Pour le bois de hètre	en plaine à . . .	14f,66
		en montagne à..	18f,52
	Pour le bois de chêne	en plaine à . . .	16f,66
		en montagne à..	20f,82
	Pour le bois de sapin	en plaine à . . .	24f,00
		en montagne à..	30f,00

Quant à la quantité de bois nécessaire pour produire une tonne de charbon, il résulte d'expériences nombreuses qu'un

à une époque déjà un peu reculée ; elle ne paraît pas s'être modifiée sensiblement.

[1] Nous tenons ces renseignements de l'obligeance de M. Thiria, inspecteur des forêts à Foix.

stère de bois produit en moyenne 2 sacs de charbon ; le sac, comme nous venons de le voir, pesant, suivant l'essence, 46, 40 ou 28 kilogrammes :

La tonne de charbon répond à { 10^{stères},87 de bois de hêtre,
12^{stères},50 de bois de chêne,
17^{stères},86 de bois de sapin.

Si enfin on veut rapporter la tonne de charbon à la mesure du pays, la *pile*, qui est de 3 stères 634, on voit que :

La tonne de charbon répond à { 2^{piles},99 de bois de hêtre,
3^{piles},44 de bois de chêne,
4^{piles},94 de bois de sapin.

Les *transports* se payent aussi par sac, et le prix est à peu près le même, quel que soit le poids du charbon ; il en résulte que le transport, par tonne, varie avec les essences du bois carbonisé.

Dans les forêts en montagne, on paye en moyenne 0^r,15, par sac et par kilomètre, à dos de mulet. Sur un chemin ordinaire, les frais de transport peuvent être comptés à raison de 12^r,50 les 40 sacs portés à 20 kilomètres, soit 0^r,0156 par sac et par kilomètre.

En conséquence :

Le transport de 1 tonne de charbon à 1 kilomètre coûte en moyenne :

Pour le charbon de hêtre	à dos de mulet.	3^r,50
	sur un chemin ordinaire.	0^r,54
Pour le charbon de chêne	à dos de mulet.	3^r,75
	sur un chemin ordinaire.	0^r,59
Pour le charbon de sapin	à dos de mulet.	3^r,40
	sur un chemin ordinaire.	0^r,56

III. — DE LA MAIN-D'ŒUVRE.

Le prix de la main-d'œuvre, dans le département de l'Ariége, est très-sensiblement inférieur au prix moyen de la main-d'œuvre en France, et il résulte, chaque année, de cet état de choses un nombre considérable d'émigrations. En ce moment surtout, par suite de l'extinction des feux catalans, il y a un très-grand nombrc d'ouvriers sans travail. Dans ces derniers temps, nous avons vu les ouvriers d'une forge catalane, au nombre de 9, payés en tout 21 fr. par jour, à savoir :

5 Maîtres forgeurs, ensemble.	. .	12 fr.
5 Aides,	id.	. . .	6
5 Manœuvres,	id.	. . .	5
	Total.	. . .	21

CHAPITRE VI

De la transformation à adopter.

I. — RÉSUMÉ DES OBSERVATIONS PRÉCÉDENTES.

Nous croyons avoir démontré, jusqu'à présent, que la propriété forestière de l'Ariége ne peut plus rien demander à l'industrie catalane ; que cependant la métallurgie au bois a encore, grâce aux usages spéciaux auxquels ses produits sont réservés, un bel avenir devant elle, mais que, pour prospérer, elle doit *nécessairement* se transformer. Nous avons fait voir d'ailleurs que les essais de perfectionnement, apportés jusqu'ici à la méthode directe, n'offrent aucune garantie. Sans nous étendre sur les procédés de fabrication indirecte, universellement connus aujourd'hui, nous avons montré, *par des chiffres*, la différence prodigieuse des résultats économiques obtenus par la méthode indirecte, et de ceux que donne la méthode catalane ; nous avons opposé les progrès incessants de celle-là à l'immobilité de celle-ci ; nous avons fait connaître la prospérité toujours croissante du métal Bessemer. Revenant ensuite à l'Ariége, nous avons montré que la métallurgie au bois y trouve un minerai d'une richesse exceptionnelle, abondant, mais dans l'exploitation duquel se retrouvent des procédés barbares, qui étaient parfaitement en harmonie avec la fabrication catalane, mais doivent disparaître avec elle à cause, de l'élévation démesurée qu'ils apportent dans le prix du minerai. Enfin, nous avons accepté l'évaluation de 5000 tonnes de charbon de bois, comme indiquant la possibilité des forêts privées du pays qui, aujourd'hui, sont en souffrance, et nous avons donné quelques indications économiques sur le combustible végétal et sur la main-d'œuvre.

Nous allons maintenant nous efforcer de recueillir les enseignements qui se dégagent de tous ces faits, et de déterminer exactement la meilleure transformation à adopter, eu égard aux moyens pratiques dont nous disposons pour l'accomplir.

Nous l'espérons, le lecteur qui aura bien voulu nous suivre jusqu'ici en est venu à se dire avec nous :

Oui, il y a là quelque chose à faire !

Oui, elle doit se relever, dans l'Ariége, cette industrie de la métallurgie au bois, qui a là, pour matière première, non-seulement les plus riches minerais de France, mais encore des minerais spéciaux, *des minerais manganésifères;* qui a, pour combustible, des charbons tombés à vil prix, et à laquelle tant d'ouvriers sont prêts aujourd'hui à offrir leurs bras; elle doit se relever, alors que, de tout côté, on apprécie maintenant les produits de choix qu'elle est apte à fabriquer.

Ce *quelque chose à faire,* c'est ce que nous allons rechercher à présent.

La voie est toute tracée : nous avons à chercher à fabriquer des *produits de choix,* puisque ce sont précisément les éléments de ces produits que nous avons spécialement sous la main.

II. — FABRICATION DU SPIEGELEISEN.

Nous avons vu que le minerai du Rancié, qui renferme 50,7 de fer, est remarquable aussi par sa teneur en manganèse, laquelle est parfois de 11 à 12, en moyenne de 5,3 pour 100. .

Si l'on traite ce minerai au charbon de bois, de façon à conserver, dans la fonte, la presque totalité du manganèse, qui, dans une fabrication au coke, serait en partie notable entraîné par le soufre et le phosphore mêlés à ce combustible, on pourra avoir une fonte contenant plus de 6 pour 100 de manganèse. Or si nous consultons les analyses des divers *spiegeleisen* connus, nous trouvons pour le *spiegeleisen* n° 5 de Saint-Louis, près Marseille, par exemple, la composition suivante[1] :

Fer.	88,751
Manganèse.	5,920
Carbone combiné.	4,040
Graphite.	0,126
Silicium.	0,584
Soufre.	0,055
Phosphore.	0,090
Corps non dosés et pertes. .	0,474
	100,000

A Givors, MM. Pétin, Gaudet et Cie font également fabriquer du *spiegeleisen*, qui a la composition suivante :

Fer.	89,25
Manganèse.	4,40
Carbone total.	4,86
Silicium.	0,41
Soufre.	traces.
Phosphore.	0,00
	98,92 [2]

On a donc, au Rancié, d'après l'analyse, un minerai capable de donner un excellent *spiegeleisen*, et l'expérience a pleinement confirmé cette assertion.

On sait en effet que, pendant quelque temps, il a été fabriqué de la fonte au bois dans l'Ariége. M. Mussy l'a étudiée avec soin et s'exprime en ces termes à son sujet :

« La fonte au bois était essentiellement *blanche et cristalline, caverneuse et spéculaire*, elle ressemblait au *spiegeleisen* et POU- VAIT ÊTRE EMPLOYÉE POUR LES MÊMES USAGES[3]. »

« Les minerais du Rancié, dit la *Revue de l'Exposition de 1867*[4], fournissent, au charbon de bois, des *fontes miroitantes*. »

[1] *Revue de l'Exposition de 1867*, n° 5, p. 526.
[2] *Ibid.*, p. 328.
[3] Mussy, *ouvr. cit.*, p. 99.
[4] *Revue de l'Exposition*, n° 5. p. 194.

Nous ajouterons que les minerais exploités au Rancié sont, à peu près, les seuls en France avec lesquels il soit possible de fabriquer cette fonte spéciale : jusqu'à présent, les usines à Bessemer de ce pays se sont approvisionnées soit en Prusse, soit en Algérie, dont les riches minerais sont traités ou à Saint-Louis ou dans les usines mêmes qui ont besoin de spiegeleisen.

L'Ariége possède donc un monopole tout à fait précieux : la métallurgie au bois doit s'empresser de l'exploiter et se livrer à la fabrication du spiegeleisen, auquel la fabrication si répandue du métal Bessemer, dont nous avons parlé, assure d'immenses débouchés, et que l'on emploie en outre si abondamment dans toutes les usines à acier.

Nous savons qu'une usine ne peut pas fabriquer exclusivement du spiegeleisen ; on n'est pas certain, en effet, d'avoir toujours, dans un haut fourneau, une allure suffisamment chaude, et d'ailleurs on peut avoir intérêt, quelquefois, à ne pas donner cette allure chaude : l'usine qui entreprendra la fabrication du spiegeleisen ou *fonte miroitante* aura donc en même temps un second produit, produit de choix lui-même, *la fonte au bois non miroitante*.

Voyons maintenant comment on pourra substituer la fabrication de ces deux produits à celle du fer catalan, et quelles seront les conséquences de cette transformation.

III. — FORMATION D'UNE SOCIÉTÉ COOPÉRATIVE DES PROPRIÉTAIRES FORESTIERS.

A. — *Concentration du combustible.*

Nous avons vu que les forêts particulières, qui dans le pays manquent particulièrement de débouchés, ont une production annuelle évaluée à 5000 tonnes de charbon environ.

La première chose à faire, c'est de grouper ces forces calorifiques, éparses aujourd'hui, *sur un point unique*, de façon à pouvoir diminuer les frais généraux, et appliquer les principes économiques de la concentration industrielle, qui jouent un si grand rôle dans l'art de production à bon marché.

Nous ne demandons pas, pour atteindre ce but, la création d'une compagnie financière, s'organisant avec ses capitaux pour acheter les 5000 tonnes de charbon dont nous parlons, et les employer ensuite à ses risques et périls : notre idée est tout autre et nous prions instamment le lecteur de ne pas l'oublier.

Ce que nous proposons, c'est la réunion des divers propriétaires des 5000 tonnes en question, en une sorte de société coopérative *utilisant elle-même ses charbons*, qui auront pour payement les produits mêmes de l'industrie créée[1].

On comprend la différence capitale des deux systèmes. Dans le premier cas, c'est une entreprise qui, si les commandes abondent, est fatalement à la merci des propriétaires forestiers, élevant les prix du charbon suivant les besoins qu'ils découvrent, et vis-à-vis de laquelle, au contraire, s'il survient un ralentissement de production, ces propriétaires se font à eux-mêmes une concurrence désastreuse : c'est un système essentiellement aléatoire. Dans le second cas, l'aléa disparaît presque entièrement des frais de production ; le combustible, l'élément de production le plus important et dont le prix est le plus variable, est assuré à des conditions complétement définies ; chaque sociétaire s'engage à fournir une quantité *déterminée* de charbon sur un point *déterminé*, pendant un temps *déterminé*.

Les expériences les plus décisives nous conduisent à insister énergiquement, sur ce point, dans la transformation que nous étudions.

On connaît notamment l'histoire de Framont. Framont était entouré de forêts qui pourrissaient sur pied, et des industriels vinrent y établir une forge, avec l'espoir de se procurer du bois à un prix très-bas. Une fois la forge faite, le conservateur des forêts se tint à peu près ce langage : « Je ne vois aucune espèce de raison pour sacrifier l'intérêt de l'État ; le bois pourrissait parce qu'il n'y avait pas de consommateurs, en voici : pourquoi le payeraient-ils moins cher que les autres? » Et Framont, qui mettait 60 à 80 fr. de minerai aux 1000 kilog. de *fonte*, n'a pas

---

[1] C'est une réunion de propriétaires de ce genre qui exploite, en Autriche, le haut fourneau au charbon de bois de Vordenberg.

payé, dans la montagne, le bois à meilleur marché que dans les plaines de la Meuse, et la forge a été ruinée [1].

Dans la Haute-Marne, on a vu, dans une période de 12 à 15 ans, les prix du charbon varier de 3 fr. 50 à 4 fr. 50, 5 fr., 6 fr., 6 fr. 50 et 7 fr. le stère [2].

Dans l'Ariége même, *des fluctuations analogues,* quoique moins sensibles, *ont étouffé à sa naissance la fabrication de la fonte au bois dont nous avons parlé, malgré l'excellence des produits obtenus* [3].

La métallurgie au bois ne saurait donc se mettre trop en garde contre de semblables oscillations, si elle veut renaître viable, et ce sera aux propriétaires forestiers, qui ont un si grand intérêt à son existence, de lui fournir eux-mêmes les conditions premières de la vie, en adoptant la combinaison dont nous venons de parler.

Après avoir assuré à la nouvelle métallurgie son combustible, comme nous venons de le dire, la Société devra ne rien négliger pour lui donner le minerai aux meilleures conditions possibles.

B. — *Diminution du prix de revient du minerai.*

a. — Établissement de l'usine dans le voisinage du Rancié.

Tandis qu'on a vu les anciennes forges catalanes s'établir à 50, 100, 150 kilomètres du Rancié et davantage encore, la nouvelle usine devra s'en rapprocher le plus possible, et cela pour plusieurs raisons.

La première c'est que, pour fabriquer une tonne de fonte, il faut plus de deux tonnes de minerai et moins d'une tonne de charbon de bois ; il y a donc avantage à économiser les transports de minerai sauf à augmenter ceux du combustible.

En outre, la prolongation très-prochaine du chemin de fer de Foix à Tarascon, qui n'est qu'à 12 kilomètres de Cabres, rendra

[1] Enq., *Ind.*, t. II, p. 670.
[2] *Ibid.*, t. I, p. 155.
[3] Nous savons de la façon la plus positive que le petit haut fourneau au bois de Tarascon a donné des bénéfices considérables, avec le seul commerce de la fonte, tant que les charbons de bois n'ont pas atteint des prix élevés.

facile l'enlèvement du produit. Il y a d'ailleurs, tant dans la vallée de l'Ariége que dans celle de la rivière de Vicdessos, qui se réunissent près de Tarascon, de nombreuses forges catalanes abandonnées ou sur le point de l'être, n'ayant pas d'autre valeur que celle de leur chute d'eau et du terrain qu'elles occupent. Il est bien certain que les propriétaires de ces usines ruinées seraient, tous, fort disposés à entrer en arrangement avec la compagnie en formation, et que, pour trouver l'emplacement du haut fourneau avec la force motrice nécessaire, celle-ci n'aurait que l'embarras du choix ; ce serait pour elle une dépense de 5000 fr. environ.

b. — Suppression du transport du minerai à dos de mulet.

Mais il ne suffira pas de se rapprocher ainsi du minerai, il faudra absolument remédier à l'état de choses que nous avons signalé au Rancié et qui grève le minerai de 5 fr. par tonne pour un transport de 2500 mètres, soit 2 fr. par tonne et par kilomètre, alors que, dans les compagnies de chemins de fer, pour la construction des lignes neuves, il est d'usage de payer de 0 fr. 25 à 0 fr. 35 le transport, à pied d'œuvre, des matériaux nécessaires à la pose de la voie, rails, traverses, etc., qu'il faut porter sur essieu, par des chemins de desserte, au milieu des champs, etc.

Divers projets ont été mis déjà en avant pour modifier une situation aussi désastreuse.

M. Mussy en a rédigé un qui consiste en un système de plans inclinés, analogues à ceux de la Grand'Combe, près Alais, et qui a été approuvé par l'administration supérieure. L'exécution de cette voie coûterait 125,000 fr.

Les frais d'entretien, d'exploitation, etc., s'élèveraient à 25,000 fr. par an.

La recette brute est évaluée à raison de 2 fr. par tonne, pour le transport total et les manutentions diverses, du plateau de la mine à la charrette du maître de forges à Cabres, en un mot pour tout cet ensemble d'opérations payé aujourd'hui 5 fr.; la voie transportant au minimum 25,000 tonnes de minerai, la recette brute serait de 50,000 fr. au moins, et la recette nette de 25,000 fr.

La Société dont nous proposons la formation aura à demander immédiatement la concession de cette voie économique, ou de toute autre analogue, et à l'exécuter dans le plus bref délai.

Elle réalisera, de ce fait, un double bénéfice, puisque, tout en s'assurant un revenu net de 25,000 fr. sur l'ensemble des minerais exploités, elle diminuera de 3 fr. par tonne le prix de ces mêmes minerais, dont elle prendra une partie pour sa. propre consommation.

C. — Construction d'un haut fourneau. — Conditions économiques de son établissement.

Nous avons vu qu'en Suède, on est parvenu à faire de la fonte au bois avec 700 et 750 kilogrammes de charbon, par tonne de fonte ; qu'en Autriche même, avec des minerais moins riches que ceux de l'Ariége, on est arrivé à consommer moins de 600 kilogrammes de combustible végétal. Et cela n'a rien d'étonnant, puisque la théorie enseigne qu'il suffit de 385 kilogr. de ce combustible pour fabriquer 1 tonne de fonte, avec du minerai de nature moyenne, contenant 40 p. 100 de fer. Cependant, nous compterons sur une consommation de 850 kilogrammes de charbon de bois, par tonne de spiegeleisen; par conséquent, avec les 5000 tonnes de combustible que nous supposons assurées à la société, on pourra fabriquer 5870 tonnes de fonte par an, soit 19^{tonnes},5 par jour, si l'on compte que le fourneau sera en feu environ 500 jours. La construction du haut fourneau, capable de donner cette production, faite avec tous les perfectionnements indiqués par la science et l'expérience, coûtera 80,000 fr., y compris les menus accessoires. L'installation complète d'une soufflerie hydraulique de 30 à 35 chevaux, qui lui sera nécessaire, amènera une dépense de 50,000 francs.

Quoique les minerais de Rancié ne soient pas de ceux qu'il est nécessaire de griller, nous croyons que le grillage, fait à l'aide des gaz perdus du haut fourneau, préparera économiquement la réduction, et nous compterons une somme de 15,000 fr. pour l'établissement d'un four de grillage.

Les hangars, magasins, bureaux, le logement du directeur amèneront une dépense de 50,000 francs.

En somme, l'usine complète coûtera 180,000 fr. ainsi répartis :

	fr.
Acquisition de l'emplacement du haut fourneau et de la chute d'eau nécessaire.	5000
Construction du haut fourneau.	80000
Installation d'une soufflerie hydraulique. . . .	50000
Four de grillage..	15000
Hangars, magasins, maison du directeur, bureaux.	30000
Total.	180000

Un haut fourneau ainsi installé, en s'approvisionnant au Rancié, consommera par tonne de fonte 2^{tonnes},1 de minerai et 0^{tonne},1 de castine.

D. — Capital nécessaire pour la formation de la Société.

Quel sera le capital nécessaire pour mener à bonne fin la transformation que nous étudions?

Nous savons déjà que nous avons à dépenser 125,000 fr. pour la *suppression de la voie muletière du Rancié,* et 180,000 fr. pour *l'établissement de l'usine;* nous allons maintenant rechercher quel devra être le *fond de roulement.*

Grâce à la combinaison que nous proposons, le capital de roulement devra être beaucoup moins considérable que dans des cas ordinaires, puisque la société n'aura pas à acheter les charbons, fournis par les sociétaires eux-mêmes et payés seulement après l'encaissement du prix de la fonte fabriquée. Le fonds de roulement devra faire face seulement aux *frais généraux* et aux dépenses de *minerai* et de *main-d'œuvre,* et nous allons montrer qu'une somme de 165,000 fr. sera largement suffisante.

Nous supposerons que les recettes n'arriveront à la caisse de la Société que six mois après le jour de l'allumage du fourneau, et ainsi de suite, en sorte que la Société devra posséder un capital permettant de subvenir, pendant ces six mois, à toutes les dépenses que nous venons d'indiquer. Nous supposerons, d'ailleurs, que le haut fourneau sera constamment en marche, pendant ces six mois [1], c'est-à-dire pendant 185 jours, fabriquant chaque jour 19 tonnes,5 de fonte dont il est capable, soit en tout 3568 tonnes,5.

Les *frais généraux* pourront être fixés, d'une manière très-large, de la manière suivante :

En comptant 15 p. 100 pour l'intérêt de la somme de 180,000 fr. que coûtera l'usine, pour l'amortissement de cette somme, l'entretien et l'impôt des constructions, les assurances, nous trouvons, de ce chef, une première dépense annuelle de 27,000 fr.

Le personnel pourra être ainsi formé :

	fr.
Un ingénieur directeur.	8000
Un caissier comptable..	4000
Un contre-maître..	3000
Un expéditionnaire.	1800
Un garçon de bureau.	1000
Total.	16800

Si nous ajoutons à ce chiffre une somme à **valoir** de 2400 fr. pour frais de voyages, de tournées, etc., nous trouvons, pour frais du personnel, une deuxième dépense annuelle de 19,200 fr. [2].

Si nous joignons aux chiffres que nous venons de trouver celui qui représente l'intérêt à 6 p. 100 du capital de 165,000 fr., soit 9900 fr., nous voyons que les frais généraux annuels se composeront finalement ainsi :

	fr.
Intérêt de la somme engagée dans la construction de l'usine, amortissement, entretien, impôts, assurances, 15 p. 100 du capital.	27000
Frais de personnel.	19200
Intérêt, 6 p. 100 du capital de 165,000 fr.	9900
Total.	56100

Ce sera donc, pour six mois, une dépense de 28,050 fr.

[1] Bien entendu, cette marche continue ne se présentera pas toujours ; nous avons dit plus haut que, dans une année, nous comptons sur 300 et non sur 365 jours de production pour le haut fourneau ; mais, dans l'évaluation que nous faisons ici, nous devons rechercher les hypothèses amenant les plus grandes dépenses.

[2] Comme toujours nous avons cherché à présenter ici des chiffres *maxima*, mais nous pensons que, en fait, il sera possible de se tenir bien au-dessous de ce chiffre de 19,200 fr.

Le *minerai*, à raison de 2^{tonnes},1 par tonne de fonte, représentera une fourniture de 7480 tonnes environ. Nous avons vu que, dans notre projet, le prix du minerai sera abaissé de 5 fr. à Cabres, où il ne coûtera plus que 12 fr. Ne sachant pas encore où sera le haut fourneau, nous ne pouvons donner exactement le prix de cette matière première ; mais si nous supposons, pour fixer les idées, que l'usine s'établisse à moitié route de Tarascon à Cabres, soit à 6 kilomètres de ce marché, si nous comptons le transport à 0^f,50 par tonne et par kilomètre, nous voyons que le minerai reviendra au haut fourneau à 15^f,80 la tonne. La dépense pour les 7480 tonnes, pendant six mois, sera donc de 105,224 francs[1].

La castine, à raison de 0^{tonne},1 par tonne de fonte, figurera pour 295^{tonnes},5 à 2 fr. la tonne, soit 587 fr.[1].

La *main-d'œuvre*, comptée à 7 fr. par tonne de fonte, nécessitera une mise de fonds de 24,979^f,50[1].

En réunissant les diverses sommes auxquelles nous venons d'arriver, nous trouvons comme éléments constitutifs de la dépense à laquelle devra faire face le fond de roulement :

		fr.
Payement pendant 6 mois du minerai.		105224
id.	des frais généraux. .	28050
id.	de la main-d'œuvre. .	24980
id.	de la castine.	587
Ensemble.		156841

Ces calculs très-larges nous laissent à 8159 fr. au-dessous du chiffre annoncé de 165,000 fr., et justifient entièrement la fixation à ce dernier chiffre du fond de roulement.

En faisant une récapitulation générale, nous arrivons à déterminer de la manière suivante le capital social :

	fr.
Construction des plans inclinés du Rancié. . . .	125000
Établissement complet de l'usine.	180000
Fond de roulement.	165000
Total.	470000
En ajoutant, comme somme à valoir.	30000
Nous avons finalement.	500000

[1] La castine se trouve en abondance dans toute la contrée.

Ainsi, par suite du système de coopération que nous proposons, la Société pourra fabriquer annuellement 5800 tonnes de fonte avec un *capital social de 500,000 francs.*

E. — *Mode de fonctionnement de la Société.*
a. — Apport de l'actionnaire.

D'après ce que nous avons vu, l'apport de la Société se composera :

1° De 5000 tonnes de charbon, fournies chaque année par les sociétaires, durant toute la durée de la Société ;

2° D'un capital de 500,000 fr., une fois versé.

Ce sera une société d'apport *en nature,* bien plus qu'une société d'apport *en espèces.*

Elle pourra prendre la forme d'une société anonyme libre, constituée conformément à la loi de 1867, ayant à sa tête un ingénieur-directeur agissant sous l'impulsion d'un conseil d'administration, et établie pour douze ou quinze ans.

Le double apport pourra être réparti uniformément entre 2500 actionnaires, et chaque actionnaire s'engagera :

1° A verser $\frac{1}{2500}$ du capital de 500,000 fr. soit 200 fr., *une fois donnés ;*

2° A fournir *annuellement* $\frac{1}{2500}$ des 5000 tonnes de charbon nécessaires, soit 2 tonnes.

b. — Recette de l'actionnaire.

L'actionnaire recevra :

1° Un intérêt à 6 p. 100 pour les 200 fr. versés, intérêt prévu dans l'évaluation des dépenses faite ci-dessus, soit 12 fr. ;

2° Un dividende provenant de la vente des 5870 tonnes de fonte, et que nous allons chercher à déterminer.

Nous avons vu que la fonte produite sera de deux sortes, le *spiegeleisen,* ou fonte miroitante, et la *fonte non miroitante.*

A quel prix ces deux produits pourront-ils être vendus ?

Nous avons pris, par nous-même, des informations précises sur la valeur actuelle du spiegeleisen en plusieurs points.

Dans le bassin de la Loire, à Terrenoire, à Assailly, etc., on emploie concurremment le spiegeleisen au coke fabriqué avec des minerais de l'Algérie, soit à Saint-Louis, soit à Givors, et le spiegeleisen de Prusse également au coke. Le premier revient, rendu aux usines, à 165 fr., le deuxième à 170 fr. la tonne; à Saint-Étienne, on compte employer, en outre, du spiegeleisen au bois, que l'on évalue à 190 ou 200 fr., rendu à l'usine.

À Montluçon, on emploie du spiegeleisen de Prusse revenant à 170 fr.

À Sheffield, où il se consomme une si grande quantité de fonte au bois, ainsi que nous l'avons dit, le spiegeleisen au bois se vend 175ᶠ.

Que représentent ces chiffres pour nous?

Si nous supposons notre haut fourneau établi à 6 kilomètres de Tarascon, qui bientôt va être tête de ligne, le prix de transport de l'usine de production à une usine de consommation, située dans le bassin de la Loire ou dans le centre de la France, se composera :

1° De 1ᶠ,80 pour transport en charrette de l'usine de production à Tarascon, à raison de 0ᶠ,30 par kilomètre ;

2° De 25 fr. pour transport sur railway, *par tarif spécial*, de Tarascon à l'usine de consommation.

Soit en tout, 26ᶠ,80.

Si nous admettons que nous devrons livrer notre spiegeleisen *au bois* au prix du spiegeleisen *au coke, ce qui ne sera pas,* c'est-à-dire à 170 fr., en retranchant de ce chiffre 26ᶠ,80, il restera encore pour prix de vente de notre spiegeleisen à l'usine 143ᶠ,20. Mais, encore une fois, c'est là un *minimum* extrême, puisque le spiegeleisen au bois, quand on l'emploie dans les usines dont nous parlons, se vend non pas 170 fr., mais 190 à 200 fr.

Quant au transport à Sheffield, il pourrait être établi ainsi :

Du haut fourneau à Tarascon	1ᶠ,80
De Tarascon à Bordeaux (tarif spécial et canal.) .	12ᶠ,25 [1]
De Bordeaux à Liverpool (comme lest)	10ᶠ,00
De Liverpool à Sheffield (par canal)..	8ᶠ,75
Total.	32ᶠ,80

[1] Ce chiffre répond à un tarif de 0ᶠ,034 par tonne et par kilomètre sur une

en sorte que le prix de 175 fr. à Sheffield correspondrait à 142^r,20 à notre usine.

D'un autre côté, rappelons ce qui se passe à Ria, près de Prades, à l'usine de la compagnie Jacob Holtzer, d'Unieux, près de Saint-Étienne.

On a fait là en partie ce que nous proposons pour l'Ariége.

Sur l'emplacement d'une forge catalane, on a construit trois hauts fourneaux au bois de 10 mètres d'élévation, pouvant donner chacun 10 tonnes de fonte par vingt-quatre heures, soit 5000 tonnes par an.

Les minerais viennent de Thoran et de Fillols ; ils présentent un avantage sur ceux du Rancié, sous le rapport du prix de revient, qui n'est en moyenne que de 10 fr. la tonne, mais ils ne contiennent pas assez de manganèse pour permettre la fabrication du spiegeleisen. Lorsqu'on a voulu fabriquer cette fonte, il a fallu ajouter au minerai une certaine quantité de manganèse que l'on faisait venir d'Italie et qui coûtait 40 fr. la tonne.

Le charbon est beaucoup moins abondant dans le pays que dans l'Ariége ; la plus grande partie de celui qu'on emploie arrive de Sardaigne et revient à 80 fr. la tonne rendue à l'usine.

On ne fabrique pas à Ria autre chose que de la fonte au bois, dont voici les diverses espèces :

Spiegeleisen (fabrication arrêtée aujourd'hui) :
Fonte blanche n° 1.
Fonte   id.   n° 2.
Fonte grise lamelleuse.
Fonte grise truitée.
Fonte   id. ordinaire.

Les prix de vente varient, pour toutes ces fontes, moins le spiegeleisen, de 147^r,50 à 160 fr. la tonne rendue en gare de Perpignan, et, comme le transport du haut fourneau à la gare coûte 6^r,50, ces chiffres répondent à 141^r,20 et 153^r,70 la tonne prise à l'usine.

distance de 550 kilomètres, de Tarascon à Bordeaux, et nous pouvons bien compter sur un tel tarif, lorsque *le chemin de fer* du Nord fait des transports à 0^r,033.

Le spiegeleisen, quand on en fait, se vend au minimum 170 fr. pris à l'usine. La plus grande partie de ces produits est absorbée par l'usine d'Unieux, pour la fabrication des aciers fins, qui consomment, en outre, des fontes de Toscane revenant à 180 fr.

Nous ajouterons qu'il s'en faut que l'usine dont nous venons de parler soit en souffrance, car, au mois de décembre dernier, on reconstruisait à neuf deux des trois hauts fourneaux de l'usine.

Des prix de vente que nous venons de passer en revue, il résulte qu'en prenant pour prix unique de toutes nos fontes le chiffre de 140 fr., nous nous plaçons *au-dessous* de ce qui est nécessaire pour pouvoir atteindre et les marchés lointains du spiegeleisen en France, en Angleterre[1] même, et les marchés plus rapprochés de la fonte au bois non miroitante, qui se vend en moyenne 147^f,45 à l'usine de Ria.

Nous nous croyons donc bien en droit de prendre, comme base de nos calculs, le chiffre de 140 fr. mis en avant par nous, nous nous flattons même d'en avoir montré l'extrême modération, et nous ne paraîtrons pas présomptueux, sans doute, en émettant l'espérance de le voir dépassé par la pratique.

Nous avons vu (p. 55) que nous aurons à vendre 5870 tonnes de fonte ; chaque tonne étant comptée à 140 fr., la recette brute sera de. . . . . 821,800 fr.

Voyons maintenant quels seront les frais de production, en dehors de la dépense en charbon, pour le haut fourneau établi où nous l'avons supposé.

D'après ce que nous avons vu plus haut, en recherchant quel est le capital nécessaire à la formation de la Société (p. 56 et suiv.), ces éléments seront les suivants, pour une tonne de fonte :

---

[1] Le marché anglais ne donnerait pas, aux prix actuels, des bénéfices aussi considérables que le marché français, mais nous avons tenu à l'indiquer à cause de son importance, et il nous offre du moins une réserve importante pour les débouchés.

```
                                                      fr.
Minerai, 2^tonnes,1     . . . . . . à 13^f,80. .   28,98
Castine, 0^tonne,1      . . . . . à   2^f,00. .    0,20
Main-d'œuvre. . . . . . . . . . . . . . .          7,00
Frais généraux, amortissement, intérêt, impôt,
    personnel. . . . . . . . 56100 fr.
    répartis sur 5870 tonnes, soit. . . . . .      9,85
                                                 ────────
                  Total. . . . . . .   . .        46,01
```

Pour 5870 tonnes de fonte, les frais de production dont nous parlons s'élèveront donc en tout à. . . . . 270,079 fr.

En retranchant cette somme de celle qui représente la recette brute, et que nous avons trouvée être de. . . . . 821,800 fr.

Il nous reste pour les 2500 actions une somme de. 551,721 fr.

A laquelle il convient d'ajouter le produit net des plans inclinés de Cabres (p. 54), soit. . . . . 25,000 fr.

Ce qui donne, en tout, à partager une somme de. 576,721 fr.

Soit par action un dividende de.. . . . . 230^f,68

Finalement l'actionnaire recevra donc, chaque année, pour son capital une fois donné de 200 fr. et pour sa fourniture annuelle de 2 tonnes de charbon, une somme de. . . . . 242^f,68

Ce calcul, bien entendu, n'est qu'approximatif, car le dividende ne sera pas tous les ans exactement le même; il variera avec le prix de la fonte et sera établi, chaque année, en assemblée générale. En organisant la société, on pourra aussi, si on le juge à propos, décider qu'un premier versement fixe, à valoir sur le dividende, sera versé aux actionnaires six mois avant le payement de celui-ci, en même temps que les 12 fr. d'intérêt.

c. — Produit de la tonne de charbon — du stère de bois — de la *pile* de bois.

Le propriétaire forestier se demandera, sans doute, quel produit la recette dont nous venons de parler constitue, pour chaque tonne de charbon fournie, pour chaque stère de bois et même pour chaque *pile*.

Le produit de la tonne de charbon se voit immédiatement, puisque chaque action oblige son porteur à fournir deux tonnes

de charbon, et lui donne droit, en échange, à un dividende de
250 fr. 68 c. :

Le produit de la tonne de charbon sera de. 115f,54

Pour avoir le produit du stère, il suffit de se rappeler la relation qui existe entre la tonne de charbon et le stère de bois, suivant l'essence de ce bois, et que nous avons fait connaître plus haut (p. 47).

On verra ainsi que :

Le produit du stère de bois
{
de hêtre sera de. 10f,61
de chêne sera de. 9f,22
de sapin sera de. 6f,45
}

Le produit de la *pile* s'obtiendra de la même façon, et l'on verra que :

Le produit de la pile de bois
{
de hêtre sera de. 58f,56
de chêne sera de. 55f,51
de sapin sera de. 25f,44
}

Il va sans dire que nous ne parlons dans tout ceci que du *produit brut*, et que nous ne pouvons déterminer, pour chaque propriétaire, le *produit net*.

Le produit net dépend du prix de revient, lequel dépend, à son tour, d'une foule de circonstances qu'il est impossible de déterminer d'une façon absolue et générale ; il variera, notamment, suivant le prix de la carbonisation, suivant la distance à laquelle le charbon devra être transporté.

Ce sera à chacun à se rendre compte, personnellement, de ce qu'il aura à dépenser pour fabriquer et conduire à l'usine une tonne de charbon, à calculer, en un mot, lui-même son *prix de revient*, avant de s'engager dans la combinaison que nous proposons. La différence entre 115f,54 et ce prix de revient constituera le produit net que lui apportera chaque tonne de charbon, et qui sera variable, pour chacun, dans de certaines limites, absolument comme il l'était du temps de la fabrication des fers catalans. Une tonne, en effet, vendue à un prix déterminé sur le marché de Castelnaudary, rapportait certainement plus de bénéfice à tel propriétaire placé dans telles conditions, qu'à un autre placé dans une situation différente; de même, l'hectolitre de froment, qui, sur un marché, apporte un produit brut de 20 fr., par exemple, donne un produit net très-variable, suivant les conditions où se trouve le cultivateur.

Du revenu net de la tonne de charbon, le propriétaire déduira, s'il le juge à propos, le revenu net du stère de bois et le revenu net de la pile, comme nous l'avons fait plus haut pour le revenu brut. Nous allons, du reste, faire ce calcul pour quelques cas hypothétiques que nous prendrons, avec intention, dans des conditions assez désavantageuses.

Nous supposerons les forêts d'alimentation, pour le haut fourneau, distantes de 50 kilomètres : les unes sont en plaine, les autres en montagne ; toutes sont pourvues de voies charretières ordinaires ; mais, tandis qu'en plaine, dans notre hypothèse, le charbon a seulement 1 kilomètre à parcourir, à dos de mulet, et 29 par voie charretière, en montagne il a à franchir 4 kilomètres, à dos de mulet, et 26 par voie charretière.

En partant de ces données et de celles du chapitre V, p. 46 et 47, on voit que, dans le cas qui nous occupe :

Les frais de carbo-nisation et de trans-port d'une tonne de charbon, rendue au haut fourneau, seront :	Charbon provenant de la plaine.	Essence de hêtre.. 27f,82
		id. de chêne. 51f,72
		id. de sapin.. 45f,64
	Charbon provenant de la montagne.	Essence de hêtre. 40f,56
		id. de chêne. 45f,96
		id. de sapin.. 66f,16

En retranchant successivement ces chiffres du produit brut de la tonne de charbon, 115f,54, on verra que :

Le produit net de la tonne de charbon sera :	Pour le charbon de plaine,	Essence de hêtre. 87f,52
		id. de chêne. 83f,62
		id. de sapin. 69f,70
	Pour le charbon de montagne.	Essence de hêtre. 74f,98
		id. de chêne. 69f,58
		id. de sapin. 49f,18

D'où il résulte, d'après les relations existant entre la tonne de charbon et le stère de bois, que :

Le produit net du stère de bois sera :

En plaine.....
- Essence de hêtre. 8f,05
- id. de chêne. 6f,69
- id. de sapin. 5f,90

En montagne...
- Essence de hêtre. 6f,89
- id. de chêne. 5f,55
- id. de sapin. 2f,75

De même :

Le produit net de la pile sera :

En plaine.....
- Essence de hêtre. 29f,25
- id. de chêne. 24f,51
- id. de sapin. 14f,17

En montagne...
- Essence de hêtre. 25f,04
- id. de chêne. 20f,17
- id. de sapin.. 9f,99

Nous ne croyons pas devoir ajouter de commentaires aux divers chiffres que nous venons de donner et qui, nous semble-t-il, parlent d'eux-mêmes ; nous n'avons plus qu'à inviter les divers propriétaires de la contrée à faire, eux-mêmes, pour leurs forêts, les calculs que nous venons de faire pour des cas qui, on l'a vu, représentent une situation assez mauvaise.

Ceux qui aujourd'hui, par l'industrie catalane, retirent du stère de bois de chêne un produit net de 1 fr., voudront bien reconnaître, sans doute, que l'antique métallurgie de l'Ariége a définitivement fait son temps et doit céder le pas à l'industrie qui peut donner 5 fr. 50 pour le même stère de bois.

Quant à ceux, au contraire, qui désespéraient de voir jamais la métallurgie au bois de leur pays sortir de ses ruines, ils retrouveront une pleine confiance dans l'avenir.

Et si les uns et les autres unissent leurs forces productives, en mettant soigneusement à profit les données nouvelles de la science, les procédés nouveaux de fabrication, leur fortune se relèvera, la métallurgie au bois sera sauvée dans l'Ariége, et le département aura retrouvé l'élément le plus important de son ancienne prospérité.

FIN

APPENDICE.

Si, comme nous le croyons, la société dont nous venons de parler se forme et réalise la transformation industrielle que nous recommandons, sa tâche ne sera pas finie, pour peu qu'elle ait le souci de donner à ses intérêts toutes les satisfactions qu'ils peuvent recevoir.

D'autres progrès resteront à réaliser dont la recherche devra appeler sa sollicitude constante : nous avons voulu indiquer les points les plus dignes de son attention future, mais tout à fait à part, afin qu'on ne crût pas que la transformation proposée par nous leur fût subordonnée en aucune façon ; notre projet de transformation ne suppose la réalisation d'aucune des conditions dont nous allons parler maintenant, nous tenons bien à le déclarer ; il existe tout à fait en dehors d'elles, mais si un jour elle les trouve réalisées, l'industrie qu'il défend y trouvera un nouvel accroissement de prospérité.

I

Nous n'avons, dans notre étude, touché la question économique que pour montrer qu'elle n'a pas d'influence sur les fers *catalans*. Il est évident qu'il n'en est plus de même si l'on envisage, d'une manière générale, la métallurgie au bois.

Dans l'établissement de nos calculs, nous avons supposé que les traités de 1860 n'étaient pas dénoncés, nous n'avons pas même voulu tenir compte des décrets du 9 janvier dernier sur les acquits-à-caution ; nous

nous sommes placé, en un mot, par hypothèse, sous le régime économique de 1869, pour éviter plus sûrement les déboires et montrer que nous pourrions marcher même avec ce régime, mais il est évident que la société aurait à en demander de toutes ses forces l'abolition, ou, tout au moins, à réclamer le maintien des décrets du 9 janvier sur les acquits-à-caution.

On peut regarder comme certain, d'ailleurs, que satisfaction lui sera donnée sous ce dernier point.

Les dernières discussions économiques de la Chambre ont montré l'accord le plus parfait dans les esprits, sur la question de la compensation des fers au bois; tout le monde s'est écrié : « Oui, il est injuste de « compenser des fers de Suède, valant quelquefois jusqu'à 400 fr., avec « des fers à la houille de 180 fr. » On peut donc considérer comme une base solide le terrain préparé pour le décret du 9 janvier et croire que, dorénavant, les droits de 20 fr. sur la fonte au bois, 60 fr. sur les fers au bois de Suède, ne seront plus illusoires.

Les personnes les plus compétentes ont bien voulu nous confirmer dans cette opinion.

II

Nous avons toujours supposé dans notre travail l'emploi du charbon de bois ; mais, il ne faut pas l'oublier, le charbon de bois ne représente guère d'utilisable que 18 pour 100 du poids du bois et même 15 pour 100, ainsi que le fait très-judicieusement observer M. Furiet[1], si l'on déduit les pertes du transport et les déchets de halle avant l'emploi à l'usine.

Or, le bois, après deux ou trois mois de coupe, peut être considéré comme ainsi composé :

Charbon..	39
Oxygène et hydrogène dans la proportion pour former de l'eau..	36
Eau.	25
Total..	100

[1] Furiet, *Avenir de la métallurgie en France.*

On n'utilise donc pas seulement, par la carbonisation, la moitié de l'effet calorifique du charbon réellement renfermé dans le bois. Ces considérations ont frappé plusieurs maîtres de forge, qui ont essayé d'alimenter leurs hauts fourneaux avec le bois lui-même et ont obtenu un plein succès : en réalité, ils ne parvenaient pas à utiliser les 39 pour 100 de charbon de bois, parce qu'une certaine partie était absorbée par l'évaporation de l'eau et des gaz du bois, mais au lieu de 18 ils en utilisaient 29 à 30.

Malheureusement on se trouve, dans ce système, en présence d'une nouvelle difficulté, celle des transports ; il faut transporter à l'usine cent tonnes de charbon, et l'emploi avantageux du bois n'a pu se faire que dans des conditions de transports faciles et peu étendus.

Nous n'avons pu supposer ces conditions remplies d'une manière générale, mais il y aura lieu d'examiner si elles ne se rencontreront pas dans certains cas particuliers.

Avec un même haut fourneau on peut employer concurremment le charbon et le bois.

Mais ce n'est pas tout : entre la *carbonisation* et l'*emploi du bois naturel*, il y a la *torréfaction*.

La torréfaction du bois vert à trois mois de coupe lui fait perdre 45 à 50 pour 100 de son poids, 32 à 35 pour 100 de son volume.

Dans les Ardennes, où le bois torréfié a été expérimenté, il a été prouvé que des mélanges de 3/4 de bois torréfié et 1/4 de charbon peuvent donner des résultats excellents.

Mais, là encore, on vient se heurter contre des difficultés pratiques : jusqu'à présent on n'a pas bien trouvé le moyen de torréfier économiquement le bois en forêt.

M. Furiet a fait les recherches les plus sérieuses pour résoudre ce problème, et il croit avoir trouvé la solution désirée.

Il va sans dire que le mode de formation proposé pour la société ne serait aucunement un obstacle à l'emploi du bois naturel ou torréfié. Une clause dans les statuts stipulerait que la société aurait toujours le droit d'exiger, au lieu de deux tonnes de charbon rendues à l'usine, une quantité déterminée à l'avance de bois livré en forêt.

TABLE DES MATIÈRES.

CHAPITRE IV

Méthode du traitement indirect.

CHAPITRE V

Des ressources de l'Ariége pour la métallurgie au bois.

CHAPITRE VI

De la transformation à adopter.

PARIS. — IMP. S. RAÇON ET COMP., RUE D'ERFURTH, 1.

PARIS. — IMP. SIMON RAÇON ET COMP., RUE D'ERFURTH, 1.